QUE SAIS-JE ?

La communication

LUCIEN SFEZ
Professeur à l'Université de Paris I
Panthéon-Sorbonne

Cinquième édition corrigée

30e mille

DU MÊME AUTEUR

Problèmes de la réforme de l'Etat en France depuis 1934, en collaboration avec Jean Gicquel, PUF, 1965.
Essai sur la contribution du doyen Hauriou au droit administratif français, LGDJ, 1966.
L'administration prospective, Armand Colin, 1970.
Institutions politiques et droit constitutionnel, en collaboration avec André Hauriou, Ed. Montchrestien, 1972.
Critique de la décision (1re éd.), Presses de la FNSP, 1973, 4e éd. refondue, 1992, trad. espagnole et portugaise.
L'enfer et le paradis, critique sur la théologie politique, PUF, 1978 ; 2e éd. sous le titre *La politique symbolique*, coll. « Quadrige », PUF, 1993.
Je reviendrai des terres nouvelles : l'Etat, la fête et la violence, Hachette-Littérature, 1980.
La décision, « Que sais-je ? », PUF, 1984, 3e éd., 1994, trad. espagnole, portugaise, et corréenne.
Leçons sur l'Egalité, Presses de la FNSP, 1984.
La symbolique politique, « Que sais-je ? », PUF, 1988, 2e éd., 1995, trad. italienne, japonaise et roumaine.
Critique de la communication, 1re éd., Le Seuil, 1988 ; 2e éd. refondue et augmentée, 1990 ; 3e éd. 1992, trad. italienne, portugaise, brésilienne et espagnole.
L'égalité, « Que sais-je ? », PUF, 1989.
La communication, « Que sais-je ? », PUF, 1991, 5e éd. corrigée, 1997, trad. espagnole, portugaise et roumaine.
Le message du simple, en collaboration avec P. Christin et A. Goetzinger, Le Seuil, 1994.
La santé parfaite, critique d'une nouvelle utopie, Le Seuil, 1995, trad. portugaise, brésilienne et italienne.

Ouvrages dirigés par Lucien Sfez

L'objet local, Christian Bourgois, « 10/18 », 1977.
Décision et pouvoir dans la société française, Christian Bourgois, « 10/18 », 1980.
Technologies et symboliques de la communication, Colloque de Cerisy, PUG, 1990.
La communication, PUF/Cité des Sciences, 1991 (à l'occasion de l'exposition « Machines à communiquer » en 1991 à la Cité des Sciences).
Dictionnaire critique de la communication, 2 vol., PUG, 1993.

ISBN 2 13 044393 1

Dépôt légal — 1re édition : 1991
5e édition corrigée : 1999, décembre

108, boulevard Saint-Germain, 75006 Paris

INTRODUCTION [1]

Jamais dans l'histoire du monde on n'a autant parlé de communication. Celle-ci, paraît-il, doit régler tous les problèmes. Le bonheur, l'égalité, l'épanouissement des individus et des groupes. Tandis que les conflits et les idéologies s'estompent, croit-on.

La communication envahit tous les champs : dans l'entreprise où le secteur relations humaines qui n'était qu'un élément parmi d'autres, devient prééminent, dans l'entreprise encore où le marketing concernait jadis le produit, alors qu'aujourd'hui il travaille l'image de la firme elle-même ; dans les milieux politiques qui ne jurent que par le marketing politique et l'image de marque et qui croient désormais qu'une ligne politique sans écho dans les sondages n'est pas comprise ; dans la presse elle-même où les rubriques « communication » fleurissent ; dans l'audiovisuel, objet de toutes les convoitises politiciennes et publicitaires ; dans la publicité qui entend s'honorer elle-même en se nommant « entreprise de communication » ; dans l'édition où l'on fabrique des livres standards, semi-industriels, « livres Poilâne », selon le joli mot de Marc Guillaume ; dans la sphère religieuse qui n'est pas épargnée et veut désormais nous révéler un dieu aimable et présentable ; dans les psychothérapies individuelles et

1. Sur tous les thèmes abordés dans ce « Que sais-je ? » voir Lucien Sfez, *Critique de la communication*, Le Seuil, 1988, 2e éd. très augmentée et refondue, 1990, 3e éd., 1992.

de groupe, qui se veulent « communicatives » ; dans la science des organisations et de la décision ; dans les sciences exactes elles-mêmes, physiques et biologiques contaminées par le vocable « communication » ; sans parler, bien sûr, de l'intelligence artificielle, de l'informatique ou des sciences cognitives. Curieuse et forte convergence de ces différents champs. Consensus transnational où, comme on peut le croire, nouvelle idéologie, voire nouvelle religion mondiale en formation.

Qu'importe, il nous faudra trouver les structures communes, ce qui relie *réellement*, des attitudes si diverses sous la même bannière communicative. Tous ces domaines qui se présentent comme « communicatifs » relèvent-ils réellement de la communication ? Toutes les communications relèvent-elles de la même définition et sont-elles identiques ? Pour répondre à ces questions, il nous faut partir de plus haut.

On ne parle jamais autant de communication que dans une société qui ne sait plus communiquer avec elle-même, dont la cohésion est contestée, dont les valeurs se délitent, que des symboles trop usés ne parviennent plus à unifier. Société centrifuge, sans régulateur. Or il n'en a pas toujours été ainsi. On ne parlait pas de communication dans l'Athènes démocratique, car la communication était au principe même de la société. C'était le lien conquis par les hommes dans leur arrachement au chaos qui donnait sens au système en toutes ses faces : politique, morale, économie, esthétique, rapport au cosmos. Ce lien s'appelle la *philia*, amitié politique. Rousseau détestait la communication, qu'il ne voulait pas instrumentale, et estimait la *philia*, qu'il plaçait, comme les Grecs, au centre et à la source de toute activité, dans la « sainteté » de son contrat. La communication n'était pas un problème, non plus, pour la Cité chrétienne, et pour les mêmes raisons : située au fondement même du christianisme, elle élargit le lieu grec jusqu'à l'Univers.

Nous avons, aujourd'hui, perdu la trace de ces principes premiers qui assuraient la cohésion d'ensemble : dispersion, enchevêtrements, superpositions, chassés-croisés. Babel. On se parle de plus en plus, mais on se comprend de moins en moins. Dieu, l'Histoire, ce dieu laïcisé, les anciennes théologies fondatrices des grandes figures symboliques, telles que l'Egalité, la Nation, la Liberté, ont disparu en tant que moyens d'unification. Or ces figures permettaient d'y voir plus clair, de se situer dans le monde, d'agir sciemment. C'est dans ce creux laissé par leur faillite que naît la communication, comme une entreprise désespérée de relier des analyses spécialisées, des milieux cloisonnés à l'extrême. Comme une nouvelle théologie, celle des temps modernes, fruit de la confusion des valeurs et des fragmentations imposées par la technologie. Jacques Ellul et l'Ecole de Francfort découvrirent la corrosion du social par la technique[1]. Agent de fragmentation, voire de dilution des liens symboliques, elle s'impose alors au moment où ceux-ci sont déjà affaiblis. Elle prétend alors soigner l'organisme qu'elle a conduit à l'agonie. Le soigner par un surcroît de techniques que l'on nomme technologies de la communication. On le remarquera, toutes les technologies d'avant-garde, je dis toutes, des biotechnologies à l'intelligence artificielle, de l'audiovisuel au marketing et à la publicité s'enracinent en un principe unique : la communication. Communication entre l'homme et la nature (biotechnologie), entre les hommes en société (audiovisuel et

1. De *La technique ou l'enjeu du siècle*, A. Colin, 1954, à *Le système technicien*, Calmann-Lévy, 1977. Habermas, *La technique et la science comme idéologie*, Gallimard, 1973 ; Horkheimer, *Théorie traditionnelle et théorie critique*, Gallimard, 1974.

publicité), entre l'homme et son double (l'intelligence artificielle) ; communication qui prône la convivialité, la proximité ou même la relation d'amitié *(friendship)* avec l'ordinateur. On pourrait supposer qu'il s'agit là d'arguments de vente. Mais il y a plus : la communication devient la Voix unique, qui seule peut unifier un univers ayant perdu en route tout autre référent. Communiquons. Communiquons par les instruments qui ont, précisément, affaibli la communication. Voilà le paradoxe où nous sommes jetés.

Il nous indique la voie à suivre : la critique de la communication devient une critique de la technocommunication. Le travail doit passer par un démontage des stratégies de cette technocommunication et des attitudes diverses, contrastées, enchevêtrées et confuses qui sont les nôtres, pour y répondre[1]. Comprendre ces stratégies c'est comprendre la gestion traditionnelle de la communication et son échec actuel (I) ; c'est prendre connaissance des théories explicatives de cet échec (II) ; c'est tenter, par une méthode nouvelle d'échapper aux cruelles confusions de la communication d'aujourd'hui (III).

I. — La gestion traditionnelle de la communication

Les métaphores de la machine et de l'organisme développent, à part l'une de l'autre, deux conceptions de la communication.

Représentation, la communication est un moyen utile de relier des éléments stochastiques, atomisés, pour obtenir le lien puissant qu'exige la vie en so-

1. Voir Alain Cotta, *L'homme au travail*, Fayard, 1987 ; en particulier son chapitre VII.

ciété : hiérarchies, liaisons verticales et horizontales, représentation de représentation par signes et signaux[1].

Expression, la communication est la liaison interne et participation totale. Si certaines étapes et hiérarchies sont requises pour nouer entre eux des éléments qui, par définition, sont déjà des totalités, c'est à convoquer des niveaux spécifiques de liaison, pour des domaines particuliers.

Ces conceptions président au politique, qu'elles instruisent. C'est ainsi que nous pourrions comprendre comment la communication sociale, dans toutes les constitutions démocratiques de la Grèce antique à nos jours, donne lieu tour à tour à une vision représentative et à une vision expressive qui conjuguent leurs effets dans une vision politique, appelée, dans l'Enfer et le Paradis[2], « politique symbolique ».

Une politique symbolique. — On voit bien, pour une politique généralisée de la communication, comment peuvent jouer ces deux modes de liaison. D'un côté, une représentation qui multiplie les signes et signes de signes, pour tenter de rejoindre le réel concret des individus et des groupes, érige des sujets représentés, avec leurs découpages territoriaux et sociaux, et s'emporte bientôt d'elle-même vers une mécanique de séparation, vers une déréalisation totale. De l'autre, une vision expressive de la communication répare ces divisions en présentant une liaison d'un autre type : une liaison symbolique. Convoquant culture, traditions, mémoires du passé sous l'espèce d'images « significatives », c'est vers l'interprétation qu'elle tend.

1. Pour la représentation politique, voir François d'Arcy *et al.*, *La représentation* , Economica, 1985.
2. PUF, 1978.

Vision holistique. Chacun, individu ou groupe, est requis par une totalité où il se trouve pris, à laquelle il se rattache de l'intérieur. Grandes fêtes de la communication sociale, sacralisation du lien qui vient, à point nommé, remédier à l'éclatement des signes. Cependant, requérir ou recourir n'est pas confondre. Pour que l'une des deux conceptions puisse guérir l'autre, il faut de la différence. Une sorte de contrepoison ou de contrepoids est exigé. Il faut du rituel et de la règle dans la communication fusionnelle. Il faut de l'image fusionnelle dans le programme, pour qu'il convainque. Le tout est qu'il y ait un « dehors » et un « dedans ».

A ne pas respecter cette loi, on se trouve soit dans le délire de la raison représentationnelle, soit dans le chaos expressif. Soit encore, et c'est le point central de notre *Critique de la communication*, dans le recouvrement des deux délires, sans distinction. Confusion du sujet et de l'objet, de l'émetteur et du récepteur, de la réalité et de la fiction. Perte du sentiment de réalité et perte du sens. Comment en est-on arrivé là ?

Appelons à la rescousse les théories explicatives.

II. — **Les théories explicatives**

Nous en avons schématiquement repéré trois principales :

— celle de Jurgen Habermas ;
— celle de Jacques Ellul ;
— celle de Pierre Legendre.

1. **La théorie de l'action communicative de Jurgen Habermas.**

A) *Les thèses d'Habermas.* — On peut supposer que la société « tient » sur des actes de communication qui lient les éléments civils entre eux. Ces actes sont dirigés vers une *entente* ou vers un *succès*. Si les seconds — les actes visant les succès — sont référés à des entreprises communes et exigent un programme, une confrontation des visées, des compromis et somme toute des actes politiques qui passent par le rationnel, les actes dirigés vers l'entente sont un tantinet plus difficiles à cerner, car, pour la plupart, ils échappent à l'analyse rationnelle. Ils s'installent, en effet, sur des *a priori* inconnus de ceux-là mêmes qui les mettent en pratique. *A priori* que l'on peut qualifier d'horizon culturel, forme de vie à haute teneur symbolique, qui ne se dit pas, mais est implicite : coutumes, comportements hérités. Cette notion de *Lebenswelt*, Habermas l'emprunte à la phénoménologie (Husserl) comme recherche d'un consensus en deçà des raisons et des justifications. Mais la technique communicationnelle, par l'intermédiaire des médias, se substitue largement aux modes d'entente traditionnels, que sont le langage quotidien et les cultures sous-jacentes auxquelles ce langage fait appel. Or, dans la *Lebenswelt*, il y a un holisme de base. Le tout est donné d'emblée comme allant de soi et n'est problématisé qu'en cas d'incident.

On peut, ici, résumer la contribution de Habermas : la communication est dans le social, dans la langue qui est sociale, dans l'implicite, le pré-jugé. La communication n'est pas machinique, mais compréhensive. Elle émerge au moment de ruptures. Le vécu du monde est capté, technicisé par des acteurs responsables. Il est alors transformé et colonisé. Mais il a encore ses chances... A condition, bien sûr, d'échapper aux stratégies linéaires du *succès* et de s'orienter vers l'*entente*. Car la stratégie du succès ne peut assurer la transmission des valeurs.

B) *Leur critique.* — On observe d'abord le régime des dichotomies auxquelles Habermas entend nous soumettre. Entente s'oppose à succès, société critique à Etat, manipulé à manipulateur. Le bien et le mal, l'ombre et la lumière, autant d'oppositions enracinées dans l'utopie d'une réconciliation définitive des hommes entre eux et avec la nature. Que ce mythe, toujours ressuscité, se soit appelé le règne de Dieu sur terre, ou plus tard communisme, ne semble pas gêner notre prophète. Autant ses analyses sont fines et approfondies en aval, autant il reste muet devant ces présupposés naïfs. Surtout, on ne trouve rien dans l'œuvre qui nous informe sur la communication *aujourd'hui*. Des généralités, un décor qui peut servir de guide : tel est l'apport de sa visée philosophique réellement critique.

Mais si, comme Habermas l'affirme, la communication est au cœur du lien social (tout comme la fausse communication qui légitime la domination), il devient curieux de ne trouver aucune référence à ce que j'appelle « les technologies de l'esprit », qui sont au cœur des pratiques communicatives d'aujourd'hui. Rien sur l'intelligence artificielle, rien sur la science cognitive, rien sur les transformations de la biologie, rien sur les psychothérapies individuelles ou de masse, rien sur les changements de paradigme dans les sciences, indissociables des théories de la communication, rien sur la linguistique ou seulement ici des généralités. Traiter de la communication sans faire une place à ces domaines, sans les insérer dans un appareil critique, c'est ne pas traiter de la communication. Et croire que la critique des mass médias écrits ou audiovisuels épuise la question, c'est prendre l'arbre pour la forêt.

2. **Jacques Ellul : Technique et société.**

A) *Les caractères du système technicien*[1]. — Le système technicien supprime la coupure objet/sujet. Système qui se veut neutre, il neutralise tout ce qui l'entoure. Sans s'identifier à la société elle-même, marquée par ses résistances et son irrationalité, il l'influence en profondeur. Tout devient échangeable, le social devient abstrait. Le réel et le fictif deviennent similaires. Le langage perd de sa magie quand il passe au crible de l'analyse structurale. La décision n'existe plus, absorbée par la complexité des structures. Le citoyen devient « propagandé »[2], et l'homme politique est victime d'illusions de liberté. Le système technicien n'entraîne aucun contenu, ne suscite aucun sens : il est pourtant déterminant, car il donne la forme unifiée des comportements et des structures. Il est la puissance même. Il y a technisation de l'amour, de la religion et de l'art : l'art emprunte ses traits à la technique[3]. L'erreur de Malraux fut considérable : il inscrivit l'art contemporain dans la continuité classique, alors qu'il y a ici véritable rupture avec ce qui fut son essence. Le langage éclate, tout comme la société ; c'est la fin de la communication. L'aliénation totale, provoquée par la technique, permettrait, paraît-il, de recevoir la *grâce*. Mais la technique est incapable de médiatiser, de symboliser. Elle se veut elle-même médiatrice exclusive. Elle est *auto-symbolisante,* rejetant dans les ténèbres toutes les autres symboliques, devenues par là archaïques et vaines. En fait, Ellul veut le retour du sujet, de l'intention, du sens, de la transmission (communication) au-delà de tous ces objets ou opérations.

B) *La contribution de Jacques Ellul.* — Deux points forts apparaissent immédiatement. Le premier : les caractéristiques du système technicien qui empêchent la communication, car ils la neutralisent, fragmentant et divisant à l'infini les hommes entre eux.

1. Voir *Le système technicien,* Calmann-Lévy, 1977.
2. *Propagandes*, A. Colin, 1963.
3. *L'empire du non-sens,* PUF, 1980.

Babel moderne, sorte de nouvelle punition divine. Le second : la théologie de la technique. Par cette aliénation totale qu'elle provoque, elle suscite des communications spécifiques appropriées à sa structure. Je ne reprocherai pas à Ellul de n'avoir pas choisi la communication en tant qu'objet d'analyse.

C) *Critique d'Ellul.* — Mais lorsque, par incidentes, il traite des technologies de la communication, il reste imprécis et souvent inexact[1]. Je ne peux en aucun cas partager sa colère contre l'ordinateur binaire, qui empêcherait toute pensée dialectique, car il confond ici le langage digital interne à l'ordinateur (et d'ailleurs provisoire) avec le langage ordinatique qui s'enrichit tous les jours[2]. Je ne peux pas plus, et en aucun cas, accepter l'idée, aujourd'hui refusée par tous les spécialistes, que l'ordinateur n'est que calculs appliquant un programme humain qui leur est imposé de l'extérieur : idée inadéquate, vraie et fausse en même temps, car l'ordinateur, sans pour autant « penser » comme le croient quelques esprits primaires, s'engage en des circuits imprévisibles, souvent aléatoires. Il est donc vain, comme le suggère Ellul, d'opposer décision humaine, capable de rupture, et l'ordinateur seulement capable de reproduction. Ses propres aléas, tout au contraire, peuvent se cumuler avec les aléas humains, stimuler la réflexion, engendrer à terme du neuf.

Mais ces erreurs n'affaiblissent pas la grande portée des analyses d'Ellul.

3. **Pierre Legendre : l'amour de l'absolu.** — « L'idéologie de la communication universelle et les fantasmes de langue totale se donnent libre cours comme une suite naturelle de la civilisation romaine. »[3] Fantasme de toute-puissance.

A) *Communiquer, c'est mettre en commun.* — Elle est normative, la communication. Elle fait communiquer — mettre en commun — ce qui ne doit pas rester privé. Elle consiste à mettre en œuvre le lien politique de naissance, et ce par le moyen du droit qui crée l'écart et produit l'altérité permettant l'identification. La famille est donc fondée politiquement, et le père n'est qu'une fiction qui renvoie à ce qui fonde le système. La politique civilise l'objet mythique par le pouvoir de représenter toutes les fictions successives de la transmission.

1. Tenons compte aussi que *Le système technicien* fut publié en 1977 et n'est que le reflet ici des discussions ambiantes sur ce point.
2. Voir Pylischyn, *Computation et cognition*, Bradford Book, 1984.
3. *L'empire de la vérité*, Fayard, 1983.

B) *Les Leçons sur la communication industrielle.* — Tentons maintenant de préciser l'objet communication dans l'œuvre de Legendre et faisons appel, à ses *Paroles poétiques échappées du texte ou Leçons sur la communication industrielle*, paru en 1982. « Je déteste le mot communication. Socialement, la parole est l'empire de la force ; la communication est un dogme, un réseau de propositions qui nous renvoient au principe d'autorité. »[1] Nous cherchons aujourd'hui à ne pas être manipulés. Rabâchage de tous les scientistes qui prétend éliminer le jeu imaginaire du pouvoir caché. Or la communication n'est pas là pour garantir la réalité, ou donner satisfaction, ou satisfaire à l'objectivité. C'est un leurre, qui est gai, euphorisant, qui est là pour cacher la violence, pour refaire la façade. On la convoque ainsi théâtralement « en tablant sur l'imbécillité et sur notre infantilisme ». Mais quand l'enjeu scientiste est critiqué et démonté, l'enjeu poétique apparaît. Il faut alors déménager, en changeant de registre et de discours. « Les affaires de communication soulèvent la question de nos droits poétiques. »[2]

L'apport essentiel de Legendre réside dans son éloge de la censure institutionnelle, censure qui noue de multiples intermédiaires entre l'Absolu, Indicible, Innommable (Elohim pour les juifs) et nous. Car le collage à l'absolu, à la mère, au Père comme seconde mère, à l'Etat fondateur, au Texte initial sans sujet, est délire et conduit à la folie. Legendre nous fait voir tous les aspects possibles de ce collage : des psychosomaticiens qui nous font coller à notre corps, sans percevoir que l'inconscient est lui-même divisé, aux théoriciens du management qui entendent imposer leur vérité publicitaire *directement*, aux fanatismes religieux ou politiques par lesquels on veut nous faire adhérer au corps souverain, sans préparation aucune. Il y a de l'*indicible*, de l'*implicite*. Ils sont nécessaires au Désir, à la santé, à la reproduction. Et la science elle-même dans sa volonté d'explication n'y pourra rien, sauf à rajouter des commentaires supplémentaires à la dogmatique initiale.

C) *Critique de Legendre.* — Il est inutile de longuement critiquer Legendre. On observera seulement que le défaut de la méthode n'est que l'envers de ses éclatantes qualités : repérant de très loin, de très haut, il raplatit l'actualité de façon magistrale... et s'empêche de l'analyser avec la même minutie que les décrétales de Gratien.

1. *Paroles poétiques échappées du texte, op. cit.*, p. 9.
2. *Op. cit.*, p. 243.

On n'oubliera pas son inspiration, mais on préférera ici forger des armes à moyenne portée, frappant la cible « communication » de manière plus précise.

III. — Trois métaphores, trois visions du monde

On présentera ici successivement notre méthode qui entend capter la totalité des phénomènes et des domaines les plus hétérogènes de la communication en les identifiant à trois métaphores fondatrices qui renvoient à trois visions du monde. Les métaphores sont des îlots imaginaires, qui motivent la recherche et créent des zones d'attirance pour les concepts. Elles tissent un monde de présupposés qui travaillent en sourdine et hantent notre façon de conceptualiser, d'inventer ou de rechercher. Exemple : que l'esprit soit un contenant et les idées des contenus, eux-mêmes contenant des mots qui les expriment, voilà une série liée de métaphores qui ne sont pas étrangères à la métaphore plus générale de la machine.

1. **Représenter ou la machine.** — Première attitude, la plus classique : devant le constat technologique, on en appelle au discours de la raison ; il y a primat du sujet. L'homme reste fondamentalement libre vis-à-vis de la technique. Il en use, mais ne s'en asservit pas. La préposition *avec* l'emporte[1]. C'est « avec » la technique que l'homme accomplit les tâches qu'il détermine et qu'il reste le maître des activités dont il a pensé le moyen. Il s'agit de la métaphore de la « machine à communiquer » avec le monde : la machine est

1. Ces prépositions « avec, dans, et par » constituent une classification très différente de celle de Don Ihde, dans Technics and Praxis, a philosophy of technology, in *Boston Studies in the Philosophy of Science*, D. Reidel publishing Company, 1979, t. XXIV.

extérieure à l'homme, et il en use pour maîtriser les forces de la nature. Machine qui est simple outil par quoi l'homme accomplit une action plus aisément. L'usage du terme « machine » n'est pas neutre. D'une certaine façon, il régit tout un ensemble de notions tissant des relations entre elles, suscitant des images, gérant en sourdine des présupposés.

Parler de la communication comme d'un mécanisme entraîne une série de positions, concernant les sujets qui sont censés l'utiliser, tout autant et par retour qu'une certaine idée de ce qu'est une machine. La machine est objet. Le sujet est séparé d'elle. Il l'utilise et la maîtrise. Sauvé, le sujet. Il y a ici coïncidence totale des deux théories classiques de la représentation et de la communication. Toutes les deux reposent sur une tripartition. La communication, en effet, pose la distinction émetteur-récepteur et introduit entre eux un canal. La représentation fait appel à un représentant et à un représenté, et les relie par un médiateur, tourné d'un côté vers le monde objectif, et, de l'autre, vers le signe qu'il garantit. Résultat : des pouvoirs considérables, exclusifs, sont accordés aux médias dans les deux cas. Le récepteur du message ne peut qu'enregistrer la réalité objective transportée par le canal. Le représentant a, tout seul, le pouvoir de garantir l'objectivité.

2. **Exprimer ou l'organisme.** — Ici les objets techniques sont notre environnement « naturel » : car nous sommes assujettis à la vision du monde qu'ils induisent. Dans cette organisation où nous sommes partie d'un tout, ce qui compte, c'est de repérer les échanges possibles et d'analyser le rôle des éléments qui forment ce tout que l'on appelle univers. Hasard et nécessité : les règles ne sont pas établies une fois pour toutes, il subsiste des poches aléatoires, et l'identité d'un sujet est à définir ponctuellement. La préposition *dans*

l'emporte. *Dans* un monde fait d'objets techniques, l'homme doit compter avec l'organisation complexe de hiérarchies qu'il subit. Il est « jeté dans le monde », technique qui devient sa nature. L'idée de maîtrise s'efface pour laisser la place à celle d'adaptation. En utilisant cette proposition « dans », l'homme s'insère dans un autre modèle, celui de l'*organisme*, qui fait état d'une relation interne des parties et du tout.

La métaphore de l'organisme commande aux développements d'une écologie universalisante, et nous en trouverons la trace dans un grand nombre de théories de la communication. Appliquée à la communication, l'expression constitue un indiscutable assouplissement du schéma représentatif. Le média n'est plus ce personnage à part, traducteur du monde objectif pour un récepteur passif. Le média est dans le monde, au même titre que le récepteur, de même que le monde est dans le média et le récepteur. Le média se loge alors dans les interstices minuscules de ce continuum. Il est seulement l'individu connaissant, capable d'énoncés justes, adéquats au monde. Chacun ici est capable d'être son propre média. Chacun est *subjectivement objectif* dans sa grande activité de mariage avec le monde. Communication démocratique à la portée de tous.

3. **Confondre, ou Frankenstein : le tautisme.** — Frankenstein est une métaphore, et le « tautisme » est son concept. Métaphore et concept qui correspondent à une troisième attitude : le constat technologique l'emporte. Il régit la vision du monde. Le sujet n'existe que par l'objet technique qui lui assigne ses limites et détermine ses qualités. La technologie est le discours de l'essence. Elle dit le tout sur l'homme et sur son devenir. Ici la préposition « *par* » l'emporte. Par la technique, l'homme peut exister, mais non en dehors du miroir qu'elle lui tend. Qui sait, peut-être s'effacera-t-il comme

producteur pour ne plus être qu'un produit, laissant la primauté à la machine intelligente dont il recevra les leçons ? Le troisième modèle métaphorique est celui que nous nommons ici *Frankenstein.* C'est par cette métaphore que se constitue le visage de l'homme. Son double le révèle à lui-même. L'effort de la science cognitive et de l'intelligence artificielle tend à conforter ce point de vue, intelligence dont on ne sait plus laquelle est modèle pour l'autre. Sujet et objet, producteur et produit sont alors confondus. Perte de la réalité, du sens, de l'identité.

Appliqué à la communication, ce système aboutit à la confusion totale de l'émetteur et du récepteur. Dans un univers où tout communique, sans qu'on sache l'origine de l'émission, sans qu'on puisse déterminer qui parle, le monde technicien où nous-mêmes, dans cet univers sans hiérarchies, sinon enchevêtrées, où la base est le sommet, la communication meurt par excès de communication et s'achève en une interminable agonie de spirales. C'est cela que je nomme « tautisme », néologisme qui contracte autisme et tautologie, tout en évoquant la totalité, le totalitarisme.

Telles sont les trois métaphores constitutives de l'ensemble du phénomène communicationnel. Elles s'identifient à trois visions du monde et à trois politiques très actuelles. Elles organisent le plan général de ce petit livre :

— « La communication représentative » (chap. Ier),
— « La communication expressive » (chap. II),
— « La communication confondante » (chap. III).

CHAPITRE PREMIER

LA COMMUNICATION REPRÉSENTATIVE

On peut affirmer que les deux théories classiques de la communication et de la représentation coïncident[1]. La communication distingue un émetteur et un récepteur reliés par un canal : tripartition qu'on retrouve dans la théorie classique de la représentation, qui distingue le monde objectif à représenter et le monde effectivement représenté, reliés par un médiateur. Dans les deux cas, des pouvoirs considérables sont accordés au chaînon intermédiaire, médiateur, représentant légal, médiatique. On a vu que la communication représentative a pour métaphore la machine. Une image forte de cette machine communicative se nomme « boule de billard » (I). Mais ne sommes-nous, nous humains, qu'une boule de billard dans un circuit ? Le débat fameux Descartes-La Mettrie illustre cette question (II). Voilà qui nous introduira aux grandes discussions théoriques d'une intelligence artificielle, mode essentiel de communication de l'homme avec lui-même et dont les bases sont très enracinées, l'intelligence artificielle représentative (III), et à la robotique psychiatrique (IV)

1. Elles coïncident aussi avec la théorie classique, cartésienne, de la décision. Voir sur ce point notre *Critique de la décision*, Presses de la Fondation nationale des Sciences politiques, 4e éd., 1992 (introduction), et notre *Critique de la communication*, Le Seuil, 3e éd., 1992, introduction.

comme aux théories mécanicistes des mass media (V). On étudiera enfin les corrélations et relations entre la théorie classique de la communication et de la théorie classique des organisations (VI).

I. — La boule de billard

Le sens commun assigne à la communication l'espace interindividuel. Deux sujets isolés, ou simplement distants, décident de se mettre en rapport. Ou l'un le décide et l'autre l'accepte. Acte volontaire, fruit d'une décision ponctuelle et qui s'achève dans sa réalisation même. Tout se passe comme si le mécanisme de liaison était simplissime : comme une boule dans un flipper. On introduit la boule dans un circuit (ici nommé « canal »), et elle atteint son but (le récepteur), lequel renvoie la bille, à l'occasion, par le truchement d'intermédiaires. Emetteur, canal, récepteur. Là-dedans, un message.

1. **Premier principe.** — Tout est dans la linéarité du mouvement, et l'important est la *conservation de l'intégrité du mouvement* (du message). C'est le modèle machinique par excellence, dont les éléments se trouvent exposés dans les « Principes » de Descartes[1]. Certes, des interventions extérieures peuvent freiner, détourner et contrarier le mouvement, mais son principe reste inchangé. Conditions nécessaires de cette ligne parfaite et que le sens commun n'a garde d'oublier. Il y faut deux sujets parlants, ayant un minimum de stock lexical et syntaxique commun, échangeant dans une aire sémantique commune avec l'intention de communiquer. Ainsi du téléphone qu'il faut décrocher des deux côtés.

Ce modèle est stochastique, atomistique, mécaniste.

1. *Les principes de la philosophie*, Gallimard, coll. « La Pléiade », p. 633 sq., § 37, 39 et 40.

Stochastique, car c'est au coup par coup que se fait la communication, à ce moment-ci et à l'occasion de tel but. Atomistique, car la communication met en présence deux sujets, atomes séparés et insécables. Mécaniste, en raison de la linéarité du schéma de la transmission qui est une machine. La simplicité de ce modèle, que nous avons plus ou moins en tête dans nos pratiques, est sa grande pérennité. Nous retrouvons ce modèle à toutes les étapes de développement théorique, de la machine à vapeur à l'intelligence artificielle. Les raisons du succès : il est régi par des principes qui sous-tendent notre culture occidentale et qui résistent à toute entreprise d'analyse et de destruction.

2. **Deuxième principe.** — *L'analyse séquentielle et structurale de l'action.* Toute l'opération de communication est analysée en moments distincts, ainsi que les éléments qui la composent. Un sujet A, un canal avec un message, un sujet B. Unités isolées, distinctes, repérées à des moments différents de l'action. Le mouvement de transmission, comme il en est de la boule de billard, est animé continûment. Il conserve sa « quantité » jusqu'à la rencontre d'un obstacle ou d'une contrariété. Quand l'opération est terminée, le mouvement a atteint l'état de repos, mais il aurait pu continuer, s'il n'avait pas rencontré d'obstacle, car il n'y a aucune raison qu'un mouvement s'arrête de lui-même[1].

3. **Troisième principe.** — Enfin, troisième principe, *l'extériorité et l'atomisation des éléments* : ils ne se compénètrent pas. Le message est distinct de l'émetteur et du récepteur. Les deux sujets sont distincts l'un de l'autre. Les unités qui composent le message sont

1. Descartes : voir le passage sur les automates, *Discours de la méthode*, Gallimard, coll. « La Pléiade », 5e partie, p. 164.

discrètes. Sinon, on a affaire, non à une communication, mais à un brouhaha en continu. De même, on peut analyser la position de la boule à chaque moment de son parcours. L'analyse isole les parties que l'expérience nous donne en totalité. Ce modèle du sens commun, d'une extrême rusticité, se retrouve dans un certain nombre de théories à des niveaux différents d'élaboration. On peut le repérer dans *la sémiologie structurale et la théorie de l'information*.

4. **Une machine sémiotique.** — Comment se présente un message pour qu'il soit recevable (compréhensible) pour le destinataire ? Etant entendu qu'une communication verbale respecte la linéarité mécanique émetteur-récepteur, la question se pose de savoir à quelle condition le message émis peut atteindre son but. Ici interviennent des distinctions entre *univocité et plurivocité, codage et décodage, connotation et dénotation*, enfin la notion de *redondance*. Ces distinctions et définitions sont toutes orientées vers une fin : trouver quelle est la meilleure manière pour qu'un message soit compréhensible pour le récepteur ; éviter que trop d'obstacles n'interviennent sur la « ligne », obstacles dus alors uniquement à la mauvaise composition du message. Connotation et dénotation doivent, dans le langage vernaculaire, se composer entre elles de façon équilibrée. Car si on ne peut formaliser la langue quotidienne, on ne peut pas non plus la poétiser trop. Cet équilibre, si difficile, a cependant sa clef qui est la redondance : pour qu'un message soit audible, il est nécessaire que certains de ses éléments se répètent ou renvoient à d'autres éléments déjà contenus dans le message.

D'ailleurs, en dehors de cette redondance « structurale » inhérente à l'utilisation de la langue elle-même, il existe une redondance pratique, surajoutée, qui s'articule au niveau sémantique. Si l'on désire accroître la capacité de compréhension du récepteur et renforcer l'univocité du message, on *répète* soit les mêmes termes, soit des synonymes, soit des paraphrases ou tout autre procédé. Plus forte est la redondance à l'intérieur d'un message, plus diminue la possibilité d'interprétation du récepteur. Cependant, si la redondance est maximisée ou atteint un « désordre » tel qu'il n'y a plus de message du tout, elle devient pur bruit. Il y a donc dans la langue parlée, un point d'équilibre de la redondance que le sens commun utilise à bon escient dans la conversation ordinaire et qui peut évoluer du plus au moins selon que l'on utilise une langue poétique ou spécialisée.

5. **Le sujet persiste.** — Le message doit toujours dire quelque chose. On ne parle pas pour ne rien dire ou pour n'être pas entendu. Bien que ne s'occupant pas de l'état des sujets situés aux deux extrémités de la chaîne, la sémiologie structurale présume que les deux sujets parlent (la même langue) et désirent se communiquer quelque chose. Le structuralisme ne chasse pas autant le sujet que l'on veut bien le dire. Il laisse en filigrane le sujet, avec ses attributs classiques. Le sujet, atome ayant une conscience, domine l'analyse du langage, même s'il reste dans l'ombre et comme en dehors de l'enquête. De la même façon, si la boule est sûre et certaine de se mouvoir, c'est qu'il y a d'abord un dieu qui n'a aucune raison d'arrêter un mouvement qu'il a lui-même produit[1]. La boule de billard se meut à l'ombre de Dieu comme les messages s'échangent à l'ombre de l'Ego.

On voit alors se dessiner la forme de ce modèle « boule de billard » : téléonomique (la communication est orientée vers un but), anthropocentrique, voire

1. Descartes, *Les principes de la philosophie*, *op. cit.*, § 37, 39 et 40.

anthropomorphique (la communication se comporte comme si elle avait conscience d'en être une, de même que la boule veut être une boule). Comme une production volontaire, cependant, elle n'est qu'un objet extérieur à ceux qui le produisent ou le consomment : c'est une matière, et, comme telle, elle est étendue, occupe un espace, admet des parties et peut être quantifiée à la condition d'un traitement spécifique. Ce traitement, c'est la théorie de l'information qui s'en est chargée.

6. **La théorie de l'information.** — La scientificité du modèle est renforcée par la théorie de l'information. Le phénomène pris en considération est réduit : il ne s'agit plus que du message à son niveau technique, c'est-à-dire sans l'intervention d'un quelconque contenu sémantique. On se débarrasse du problème complexe de signification. Le message sans contenu signifiant est réduit à la production d'unités discrètes, en succession. C'est une suite. Pour que cette suite d'unités puisse atteindre l'extrémité de la chaîne sans être déformée, il faut respecter certaines conditions :

— concernant le canal transmetteur ;
— concernant le message lui-même.

Le canal : dans l'analyse sémiologique, le canal était la langue elle-même et ses contraintes. Ici, le canal est physiquement repérable et modulable. On s'aperçoit que le canal lui-même peut interférer sur le message : échos et impuretés se mêlent au message, ce qu'on appellera « bruits ».

Le message : pour pouvoir circuler dans le canal, le message en langue naturelle doit être traité. Le codage intervient ici comme un système de découpage des unités. Il sera binaire. A l'opération de codage, située à l'entrée du canal, correspond une seconde opération de décodage et de transcription, située à la sortie du canal. L'information est alors définie par le rapport entre ce qui pourrait être dit et ce qui est dit effectivement. En d'autres termes, elle est la mesure du choix effectué entre les possibles. Cette liberté du choix des mots intervient à chaque moment du message. Les mots se succèdent sur une chaîne. Le message se construit sur la base d'un calcul de probabilités de manière stochastique (au coup par coup), mais dépend aussi de qui a été choisi stochastiquement auparavant. C'est ce processus qu'on nomme « markovien ». Mais la probabilité qu'un nom suive un article est plus grande que celle d'un verbe qui suivrait un article. Sur un ensemble suffisamment long, une stabilité statistique des choix ultérieurs se produit (processus ergodique). Ainsi l'information est-elle mesurée de façon *quantitative* par le degré de probabilité qui affecte l'ordre des éléments d'une série. On s'aperçoit alors que, dans un ensemble hautement organisé, le choix est limité et l'information faible ; que, dans un ensemble moins organisé, le choix ou le hasard intervient de manière plus importante ; que par là l'information, premier degré de la liberté de choix, sera plus élevée : il y aura plus d'informations.

7. **L'entropie.** — Une des importantes modifications que fait subir la théorie de l'information à la simple analyse structurale de la langue, c'est l'introduction d'une notion empruntée à la thermodynamique. Il s'agit de la notion d'*entropie*. Le second principe de la thermodynamique, qui concerne l'entropie d'un système (ou mesure d'incertitude de l'arrangement des éléments du système physique, degré qui va croissant jusqu'au désordre et signifie par là la dissolution du système), peut s'appliquer à ce système qui est le langage. Nous avons vu, en effet, que la part de l'incertitude dans la transmission d'un message issu

d'une source modifie le degré d'information d'un tel message. Il y aurait donc une entropie croissante qui guetterait les informations transmises, au cas où celles-ci ne seraient pas freinées par la redondance. Plus il y a d'informations, plus l'entropie augmente. L'entropie mesure alors, en théorie de l'information, la quantité d'informations émises à partir d'une source.

En revanche, dans un système où à chaque instant la probabilité pour que le terme de la série advienne égale à 1, il y a certitude, et dans ce cas l'entropie est nulle. Ces considérations mènent à promouvoir une entropie relative qui, entre le désordre total de l'incertitude et de l'aléatoire et la répétition (redondance) sans information, maintient un degré d'entropie suffisant. C'est ici l'utilité qui règle la pratique. Ce modèle informationnel, qui privilégie à la fois la formalisation, la quantification et la programmatique, a, tout comme le modèle simple de l'analyse structurale, mais avec un degré de respectabilité supérieur, contribué au destin cosmique de la communication. Sa « figure » s'est diffusée dans les sciences de la vie et dans les sciences qualifiées d'humaines.

En tant que jeu dont les règles sont ainsi grossièrement tracées, le modèle « boule de billard » informe et génère une grande diversité de variations, mais dans tous les cas de figure, il assure le règne de la théorie représentative. Le message représente l'émetteur auprès du récepteur, à travers des intermédiaires localisés, qui représentent eux-mêmes des agents. Le procès s'offre dans une visibilité quasi totale et maintient écartés les pôles actifs/passifs de la communication. C'est là le principe même de la représentation, qui s'instruit, ici, de la métaphore machinique. On comprend alors la grande influence de la « boule de billard », influence précise et stricte, dans certains cas, ou influence plus large par réfraction ou diffraction, dans d'autres.

Tel est le modèle communico-représentatif qui est à la racine de toutes les théories classiques de la communication qu'il s'agisse des anciennes théories sur les mass media qui ont encore leurs tenants (jusqu'en 1940), des psychothérapies à électrochocs ou à magnétisme ou de la robotique psychiatrique, de l'intelligence artificielle de H. Simon et de ses disciples et des systèmes experts ou encore des théories classiques des organisations. Ainsi la métaphore machinique livre-t-elle, à travers les théories que nous venons d'évoquer, son contenu représentationnel et linéaire. Elle livre aussi, au-delà des expériences qu'elle suscite et qui sont toutes utiles, des éléments d'argumentation du pouvoir de l'homme sur son environnement, une philosophie de la maîtrise. Un instrumentalisme. Armés d'outils conceptuels, sachant fabriquer des objets techniques à partir d'une rationalité constructive, c'est d'un optimisme de la raison que se soutiennent les théoriciens et les praticiens-ingénieurs dont nous avons parlé. Les résultats sont là. Ils sont acquis, ils ne sont susceptibles ni d'être ignorés, ni d'être méprisés. Une véritable puissance de la raison se fait jour : l'Homo Faber créateur, inventeur, fabricant de modèles, est posé tel Prométhée face au chaos du monde que son activité organise.

Au-delà de cette figure architectonique se profile le paradigme de la séparation entre l'homme et les créatures vivantes ou inanimées. L'homme se détache nettement de ses voisins car il a un pouvoir, lié fondamentalement à l'usage de la raison, qui est celui de parler. De même que les procès du *general problem solver* de H. Simon nous ancrent dans le schéma de la décision cartésien (recueil d'information, délibération et choix dichotomique), de même cet innéisme de la faculté de langage ne nous éloigne guère de Descartes : la théorie classique de la langue, dont Descartes trace les linéaments dans le *Discours* est directement déterminante pour le mécanisme de Simon et de ses collègues. Car si Chomsky et Turing sont les inspirateurs directs, les grands ancêtres demeurent Descartes et La Mettrie.

II. — Le débat Descartes-La Mettrie

La question de l'automate. — Un passage célèbre du *Discours* est celui dans lequel Descartes trace une frontière, rigide, entre les hommes et les animaux les plus perfectionnés ou les automates les plus réussis. Cette frontière est constitutive de la faculté de parler, faculté qui fait défaut aux autres créatures[1].

La Mettrie voit l'affaire tout différemment : l'animal est une machine, dans la mesure où l'homme en est une aussi[2], pas davantage. L'autre de l'homme ne manque pas d'intelligence, de sentiments, de perceptions. Il n'y a pas de supériorité de « nature », pas de différence d'essence entre l'homme-machine et la machine animale. Seulement une complication d'organes. Voilà qui est très proche des thèmes actuels de l'auto-organisation.

Si cela est ainsi, nous dit La Mettrie, poussant en somme jusqu'à son terme le mécanisme cartésien, ne serait-il pas envisageable de concevoir une machine plus machine que l'homme ? Plus performante ? Qui ferait tout ce qu'il fait, et plus encore ? De même que l'homme fait plus que l'animal ? Ainsi, il suffirait de lever des obstacles techniques pour être débarrassé du dualisme cartésien (sa métaphysique) et de la différence substantielle homme/machine, tout en gardant sa méthode. La machine, optimisme de la raison, pourrait

1. *Discours de la méthode*, 5e partie ; voir Pierre Valin, Le double jeu de l'automate, *Quaderni*, n° 2, 1987.
2. *L'homme-machine*.

alors triompher. Si le langage est la manifestation la plus éclatante de la différence entre l'homme et la machine, et si on peut faire parler la machine en usant de la rationalité cartésienne, la différence est abolie. Paradoxe d'une position qui refuse le dualisme de Descartes tout en adoptant sa vision de la raison. Le nom de Chomsky s'inscrit ici en lettres d'or.

Ce lien est bien marqué par Don Norman dans *Twelve issues for cognitive science*[1]. « Quand j'ai commencé mes études de psychologie, je me suis intéressé aux mécanismes du procès d'information humain. Ce procès d'information humain a cependant des limites qu'il s'agit de dépasser. C'est cependant bien là le noyau de la cognition et le schéma organisateur des recherches. » « L'homme est un mécanisme de procès d'information construit sur un substrat biologique, résultat d'années d'évolution et de changement, existant dans et influencé par la société et la culture. »[2]

Question : peut-on qualifier les analyses de Minsky et de Don Norman sans se référer aux délires de la machine représentative ? Effet foudroyant de l'idéologie représentative, son retour boomerang sur les pratiques humaines. Elle pousse à créer de véritables systèmes experts humains, froids comme la machine, et en dehors de toute machine.

III. — L'intelligence artificielle

1. Les inspirateurs : Chomsky et Turing.

A) *La limite Chomsky : la grammaire-machine.* — En liant capacité cognitive et compétence linguistique,

1. In *Perspective in cognitive science*, ouvrage sous la direction de Don Norman, p. 265 sq.
2. Don Norman, in *The LNR approach to human information processing*, Cognition 10 Elsevier Sequoia SA Lasanne, 1981, p. 235 4 240.

Chomsky se réfère directement au rationalisme de Descartes. Il emprunte au philosophe l'argument selon lequel des hommes hébétés, voire insensés ou interdits de parole par quelque lésion du cerveau, gardent pourtant cette faculté innée, comme en sommeil... sinon ce ne seraient plus des hommes... Un innéisme mitigé règne ici, car il faut de l'apprentissage, de l'expérience pour que se développe cette faculté. Innéisme biologique dont la preuve est confiée à la neurobiologie[1]. Cette capacité génère des compositions variées, sous forme de langues diverses, secteurs particuliers d'un grand tout langagier.

Structure profonde globale et structures de surface particulières renvoient ainsi aux deux niveaux du *hard* et du *soft*, ou à un stockage de règles accompagnées de modalités. Entre structure profonde et structures de surface existe un développement linéaire. Le message se produit sans qu'il soit tenu compte des situations respectives de l'émetteur et du récepteur. Position neutre, qui laisse entre parenthèses tout ce qui pourrait affecter l'interprétation de la parole énoncée.

Il est possible, dès lors, de mettre en rapport le processus de l'ordinateur et celui du langage humain : pour l'ordinateur, la faculté (ou compétence) linguistique peut être considérée comme innée dans la mesure où elle se loge dans le *hard*. Quant à l'interprétation, effet sémantique, elle est laissée à l'utilisateur ; elle s'obtient par le simple déroulement des règles du langage artificiel. Voilà qui arrange bien Herbert Simon et ses comparses. C'est bien l'univers de la compétence qui est ainsi désigné, au mépris de ce qu'on pourrait appeler « performance », c'est-à-dire les manifestations singulières, occasionnelles, de sa réalisation. La structure du dire — la langue — est

1. Chomsky, *Réflexions sur le langage*, Maspero, 1977.

préférée à l'aléa du « dit », de la parole en situation, qui n'est alors qu'une conséquence déductible.

L'impératif du visible régit la machine : les idées claires sont à ce prix. La fortune du Macintosh tient à ce que cela a été non seulement respecté, mais encore ingénieusement utilisé : le WISIWIG[1], ici, domine la scène représentative. Chaque mouvement est analysé partie par partie, comme autant de pièces d'un Meccano à ajuster. Ni Simon ni ses collègues n'enfreignent cette loi de la compétence opératoire pour laquelle il n'existe que de l'explicite. Comme son nom l'indique, l'explicite est le dépliement d'un schéma, son explication. Sortir de l'ombre, mettre en lumière, signifie poser les parties l'une à côté de l'autre.

B) *La médecine Turing.* — Pour assurer l'affaire : la possibilité d'une machine à penser universellement valable, il faut d'abord, pense Turing, réfuter les arguments antimécanicistes. Les neuf points de cette réfutation peuvent être considérés comme la bible de l'intelligence artificielle. Ils sont établis dans l'article célèbre « Computing machinery and intelligence », de 1950[2]. Turing occupe dans la discussion actuelle la place que La Mettrie occupait dans sa discussion avec Descartes. Les réfutations de Turing concernent les séparations entre l'homme et la machine. On ne développera pas ici les réfutations, préférant insister sur la machine de Turing elle-même.

Il s'agit de trois personnes qui ne se connaissent pas. Un homme, une femme et un observateur. L'homme et la femme sont chacun dans une pièce. L'observateur communique avec eux par télétype. Il doit deviner dans quelle pièce est la femme. Celle-ci tente d'aider par ses

1. *What I see is what I get.*
2. In *Mind*, t. XLIX, n° 236, 1950.

réponses l'observateur qui l'interroge. L'homme, en revanche, doit brouiller les pistes, répondant, par exemple, *comme il pense qu'une femme répondrait*. Ce jeu de suppositions montre que l'homme peut tromper l'observateur en se faisant passer pour une femme, à condition qu'il en sache assez sur elle pour l'imiter. La femme, elle, ne triche pas. Elle fait tout, au contraire, pour que l'observateur la reconnaisse comme femme, mais il n'est pas sûr qu'elle gagne. De toute façon, l'observateur hésite.

Telle est la construction du jeu qui peut passer pour un test d'intelligence pour l'ordinateur. Si la machine arrive assez bien à imiter la pensée humaine de telle sorte qu'elle trouble le jeu et fasse hésiter l'observateur, alors, en quelque sorte, elle a gagné ses lettres de crédit. *L'imitation game* met l'accent sur cette difficulté où nous sommes de désigner la réalité de l'esprit. *L'imitation game* ne fait que mettre en évidence, par l'introduction de la chambre close, cet aspect de similitude structurale, en dérobant au regard et aux sens l'appréhension physique de l'homme qui joue à être femme. Nous voilà armés pour comprendre l'efficacité, les limites et... les dérapages des tenants d'une conception représentative de l'intelligence artificielle.

2. **L'intelligence très artificielle de Simon et Newell**[1].

Cinq postulats :

Postulat n° 1 : La question est réduite au *problem solving* : un être individuel, normal, à court terme.

Sur quoi nos auteurs veulent-ils essentiellement travailler ? Réponse : « La présente étude est concernée par la performance des adultes intelligents dans notre

1. Dans *Human Problem Solving*, New Jersey, Englewood Cliffs, Prentice Hall Inc., 1972.

culture. » Les tâches discutées sont donc courtes (une demi-heure) et visent des problèmes de nature symbolique d'une difficulté modérée.

Quelles tâches ? Jeu d'échecs, *logic theorist*, puzzle cryptarithmétique. Les problèmes moteurs ou perceptifs sont exclus, de même que les variables personnelles. Rien non plus sur le développement, les différences dues à l'âge. Très peu sur l'apprentissage. But essentiel : la performance sur des tâches courtes, sans long terme. « La présente théorie voit l'homme comme un processeur d'information (...). Un ordinateur est une instance de processeur d'information. Cela voudrait suggérer que la phrase est une métaphore : l'homme doit avoir pour modèle l'ordinateur digital. »[1]

Forme de la théorie[2] :

Une bonne théorie de l'IPS, du jeu d'échecs, de l'écriture d'un roman, de l'apprentissage de la lecture donnera réellement un bon jeu d'échecs, l'écriture d'un roman et une lecture compréhensive. C'est une théorie empirique, mais non expérimentale, car on ne peut expérimenter les activités individuelles, seulement ajouter dans chaque cas des données. C'est le terme de *sufficiency* qui compte : la théorie doit produire un système de mécanismes *suffisants* pour accomplir les tâches cognitives recherchées[3]. On retrouve ici la notion de rationalité limitée *(bounded rationality)*, chère à Simon. Cette rationalité limitée est celle d'un homme normal, individuel, qui agit et pense à court terme. Il sait ce qu'il veut, mais ne sait pas comment

1. *Human problem solving*, *op. cit.*, p. 5.
2. On doit lire sur ce point l'article de Joana Pomian dans *Quaderni* (n° 1, « Genèses de l'intelligence artificielle »), article intitulé « Aux origines de l'intelligence artificielle : Logic Theorist et GPS ou H. A. Simon en père fondateur ».
3. Voir par exemple *Reason in human affairs*, Stanford University Press, 1983.

le faire. On connaît le but, on ne connaît pas le ou les chemins pour y parvenir. Voilà qui écarte toute indécision fondamentale sur nos avenirs aléatoires, qui chasse les miasmes délétères de la nouvelle histoire, de la psychanalyse et de l'anthropologie. Voilà qui révèle de façon criante les limites... de la rationalité limitée et l'inscrit à jamais comme déguisement bon enfant (ou humoristique ?) de la vieille rationalité universelle, dictatoriale.

Remarquons déjà que, s'il est vrai que l'homme agisse par sélections successives de moyens pour atteindre un but défini à l'avance, alors il est tentant d'établir un rapport de similitude entre cette démarche du « pas à pas » et celle de l'ordinateur... jusqu'au point de les faire coïncider et d'assurer que l'homme opère comme un système de procès d'information (IPS).

Postulat n° 2 : L'humain opère comme un système de procès d'information (IPS) : Cela est reconnu comme postulat qui ne mérite pas d'être justifié et qui doit être seulement clarifié. La question de la plausibilité d'un tel postulat est écartée.

Postulat n° 3 : Un système de procès d'information (IPS) est un système de signes : Un IPS est un système consistant en une mémoire contenant des structures de signe[1], un processeur, des effecteurs et des récepteurs. Diverses conséquences en découlent.

Postulat n° 4 : Ce système de signes repose sur une conception exclusivement représentative.

Une fois connu le postulat n° 3, le postulat n° 4 ne

1. « Signe » est la seule traduction convenable de *token*. Toute la conception de Simon se cristallise ici : il ne s'agit pas de *symboles* (réunification active après coupure) au sens grec ou au sens de l'Eucharistie, mais de *signes*, c'est-à-dire d'éléments qui désignent des objets. Conception exclusivement *représentative* et pas du tout symbolique. Le signe de Simon dénote, le symbole connote.

saurait nous étonner. Si l'IPS est un système de signes, une conception représentative s'ensuit.

Dans le livre de Newell et de Simon, la représentation apparaît à tout moment, et d'abord dans le rapport du langage au monde. Nous posséderions une série d'associations qui représenteraient elles-mêmes nos mouvements externes, nous pourrions dire *a priori*. Cascade de représentation : la langue qui représente les structures linguistiques profondes qui représentent *a priori* le monde.

Postulat n° 5 : La représentation est spatiale. Dans cette représentation, si une partie est réellement liée aux sujets (leur psychologie) et à leurs différences, une partie reste invariante : le fait même de se représenter la tâche, de la cadrer, de l'isoler et de la *localiser* dans l'*espace* des autres tâches. En un mot, la représentation met en action un processus constant, la spatialisation, même si l'utilisation de ce processus est diversifiée par des individus singuliers, compte tenu de l'importance et de la spécificité de la tâche. Ce qui est à remarquer, c'est l'*extériorité* de la représentation de la tâche : je la tiens *devant* moi, comme un paysage, je l'*envisage* comme un objet situé dans l'espace où elle occupe elle-même un certain lieu[1]. Le programme pour accomplir cette tâche est le résultat de ce positionnement. En somme, la représentation interne est la juste réplique de ce qui est donné à l'extérieur sous forme de *chunks* aux signes associés. Dualisme de Simon très fidèle au dualisme cartésien : il y a des *ready-made structures* dans l'esprit, prêtes à attraper des signes déjà associés dans la réalité. Structures associatives de l'esprit qui correspondent à l'associativité des choses dans le monde. Rien là que de très banalement connu ; c'est l'antique théorie d'une

1. Task environment is represented as a problem space, in *Human problem solving*, *op. cit.*, p. 789.

correspondance terme à terme entre les sensations venues de l'environnement et leur représentation « interne ».

Les résultats indiscutables : les systèmes experts

Il faut bien avouer que ces simplifications, qui paraissent abusives, ont cependant produit des résultats. La totalité des systèmes experts ou des machines à traitements de texte actuellement sur le marché se fonde sur ce type de pensée. Chacun sait ce qu'est un système expert : un ordinateur dont le programme est monté à partir d'énoncés experts de milieux professionnels, de la géologie au droit, de la chimie à la médecine.

3. **Les dérapages Simon.** — Dans l'œuvre de Simon, tous les éléments que nous avons déjà signalés appartiennent au vocabulaire des tenants d'une position ustensilaire de la machine, qu'elle soit un ordinateur ou une pelle à tarte. Et cependant, quelque chose comme un glissement se produit, où la machine devient en quelque sorte ce par quoi l'homme se définit. De la préposition « avec », qui caractérise les premiers essais de Simon sur l'automatisation des décisions, rendant plus aisée la tâche du preneur de décision, on passe à la préposition « par », qui suppose l'arrivée d'un nouvel homme-machine ou d'une nouvelle machine-homme, position assez confuse, pleine de repentir et à la fois d'audacieuses prophéties. Ainsi, « afin d'*être* Proust, l'ordinateur devrait posséder une vaste connaissance de la langue française »[1] ; ainsi encore du « credo » que

1. Entretien avec Guitta Pessis Pasternak, *Le Monde*, 1er mars 1984. Les robots pourraient avoir leur Einstein, lui répond en écho Feigenbaum (entretien avec Guitta Pessis Pasternak dans *Les Nouvelles Littéraires* du 27 février 1986). « L'humanité n'est qu'une mécanique », paraît-il.

Simon nous livre dans le *Nouveau Management*[1] : la machine qui lit, pense, apprend et crée (p. 4). Ses limites ne sont-elles pas celles de l'homme lui-même (p. 6) ? L'ordinateur est flexible. De plus, le sentiment pourrait bien être pris en compte par la nouvelle génération d'ordinateurs qui peut tout comprendre.

Tout est lisible.

Il n'y a aucun secret : il est tout à fait possible de mettre tout en lumière (p. 63). Freud est heureusement loin derrière nous. C'est que l'homme nouveau sera indissocié de la machine. Il n'est plus unique maître et roi de l'univers. La nouvelle position de l'humain est alors à définir.

Dans *La science des systèmes, science de l'artificiel*[2], Simon insiste sur l'unité des systèmes naturels et artificiels (p. 11). « Si les ordinateurs sont organisés plus ou moins à l'image de l'homme, alors l'ordinateur devient un moyen évident pour évaluer les conséquences de bien des hypothèses sur le comportement humain » (p. 38). Fourmi, homme ou ordinateur, c'est tout un : ils sont simples, et l'apparente complexité de leur comportement est le reflet adaptatif de l'environnement où ils se trouvent (p. 39 sq.). D'ailleurs, le type de mémoire est le même (p. 52 à 64). Cela n'est pas surprenant puisque psychologie cognitive et linguistique transformationnelle chomskienne s'appuient, l'une sur l'autre, sur la même conception de l'esprit humain (p. 64). Homme et machine sont « basiquement » séquentiels dans l'exercice de pensée (p. 70). Les choses sont toujours quasiment décomposables à court terme, elles ne s'agrègent qu'à long terme (p. 121), sans que la faiblesse de notre esprit nous permette de comprendre comment on peut distinguer les deux. Comme si

1. Ed. Economica, 1980.
2. Ed. de l'Epi, 1974.

la tâche, à court terme la plus modeste — comme la manière de tenir son couteau et sa fourchette — n'était pas le fruit d'une très ancienne culture et d'une éducation qui dure ce que dure la vie d'un homme. Les systèmes sociaux sont aussi, paraît-il, quasi décomposables (p. 123) : ainsi des opérations de planification réussies ! Une perle encore : puisque nous sommes séquentiels, tout comme la machine, nous ne pouvons tenir qu'une conversation à la fois ! La surimpression des souvenirs et la simultanéité de nos attentions sur des objets différents sont escamotées par Simon qui dénonce la théorie platonicienne de l'apprentissage fondée sur le souvenir (p. 134).

Simon est ici le grand responsable des progrès décisifs de l'intelligence artificielle comme de son piétinement actuel dans ses ornières représentatives. Que faire avec le langage ordinaire ? Et que faire avec l'apprentissage ? Et que faire encore avec l'invention ? Aucune de ces trois questions ne trouve de réponse dans la rationalité limitée des petits pas juxtaposés. Ni Newton ni Einstein n'ont inventé ainsi. On ne peut en être surpris quand la question est réduite à une représentation, localisée dans l'espace, extérieure à l'objet qu'elle représente, rationnelle (sommes-nous vraiment toujours rationnels, même approximativement ?) et linéaire. Tout serait alors transparent, visible et lisible, sans opacité aucune. Vision machinique pure, que l'homme a produite (il en est donc capable), mais qui ne concerne qu'une faible part de son activité. Problème bien connu des théoriciens modernes de la décision. Il est vrai que l'homme parfois décide rationnellement ; il est tout aussi vrai que cette pratique est rare. Il y a là plus qu'un reste : le monde. Et là où le bât blesse avec l'artificieuse intellection de Simon, c'est lorsqu'elle entend s'occuper du monde.

4. Le délire Minsky.

A) *« Society of minds ».* — Mieux encore, dans la « société des esprits », les compétences ou facultés de l'esprit (appelées cerveau) sont vues comme autant d'agences dotées d'organisation, avec des divisions fonctionnelles, avec des sous-spécialités appelées « agents ». Chaque agent a deux états, un état passif et un état actif ; s'il y a conflit entre agents, des compromis apparaîtront par le moyen de mécanismes locaux, précurseurs du raisonnement. Chaque groupe a sa signification à soi, et même son épistémologie propre. C'est la mise en relation de ces zones hétérogènes qui fait la grandeur de la compréhension. Tous les traits de la société occidentale — en particulier américaine du Nord — défilent ici : le pouvoir disséminé entre des groupes, chacun avec son autonomie, conflits et compromis, pas de point de vue central, hiérarchies sociales, cadres supérieurs et un plan de développement. Nous nous croyons à New Haven[1].

B) *Freud au placard.* — Un autre exemple délirant : que dit Don Norman de la mémoire ? Qu'elle est une sorte de module à programmes. Poursuivant un souvenir, entreprenant un discours ou une action (l'une passe par l'autre, le modèle est sémiologique), je développe une « ligne » sur laquelle je retrouve mes « engrammes », ou mon scénario dynamique (le MOP de Shank). Ainsi puis-je bifurquer vers un programme voisin, me trompant d'embranchement et mêlant deux programmes connexes : ce sera le lapsus. Foin de Freud. L'explication de l'erreur est ainsi renvoyée à un

1. Ville décrite en ces termes par R. Dahl dans *Qui décide* ? (Armand Colin). Dahl fait de cette description morcelée le modèle d'une analyse sociologique convenant à toute la société américaine.

embrouillage de la « ligne », et le lapsus est décrit en termes d'opérations d'agences, comme chez Minski. Le lapsus, simple dysfonction purement mécanique, appartient à la description d'un système en représentation. Ce qui lie Don Norman et ses collègues au système machinique du représenter, malgré quelques glissades pour rejoindre le camp des cognitivistes, c'est bien l'attirance pour l'IPS *(Information Processing System).*

IV. — La psychiatrie robotique

Un exemple de système expert humain : le « DSM III-R »[1]. — Les troubles psychiques sont en si grand nombre et liés à tant de facteurs divers, et de tous ordres, que les critères diagnostics sont eux-mêmes fort complexes. Rien d'étonnant, alors, qu'on tente une classification permettant d'imputer, rapidement et avec le moindre taux d'erreurs, tels symptômes à tel grand type de troubles. Le nosologue a toujours eu un faible pour la taxinomie, ce qui implique la hiérarchisation. Il est vrai que même « vide », cette hiérarchie est utile pour savoir à quelle étape du trouble en est le patient. « Léger, moyen, sévère, en rémission partielle ou rémission complète » peuvent paraître des catégories un peu « légères » elles-mêmes, mais ont leur utilité dans la conduite à tenir par le clinicien. On peut aussi hiérarchiser les niveaux de certitude diagnostique, compte tenu des informations que l'on possède. On peut enfin établir de grands « axes » pour orienter et le diagnostic et le traitement : troubles mentaux et affections physiques, troubles du développement et de la personnalité, syndromes cliniques, par exemple. Un manuel qui recueille ces différentes informations et les

1. *Mini DSM III-R Critères diagnostiques*, Massoon, 1989.

classe, permettant ainsi de faire jouer tous les paramètres et de déceler le bon diagnostic est tout à fait appréciable. Mais, et c'est là que les choses commencent à devenir moins simples, il est nécessaire, dans la perspective d'une taxinomie générale, de tenter une réunification des codes utilisés par les psychiatres américains (l'American Psychiatric Association) et des codes en usage en Europe et particulièrement en France. En 1980, paraît aux Etats-Unis, le *Diagnostic and statistical manual of mental disorders, III*, qui faisait suite au DSM II, lui-même proche de la classification internationale des maladies adoptée par l'Organisation mondiale de la Santé. Ce *DSM III* présentait de notables modifications par rapport au II, et il devenait urgent d'arriver à une convergence avec les anciennes « normes » de l'OMS. Travail en cours qui sera réalisé sans doute en 1992.

En attendant le *DSM III-R* a été traduit en français, italien et espagnol. Ce manuel se présente comme un « a-théorisme descriptif systématique ». Soit comme un classement des données de la réalité, sans aucun parti pris théorique. En allant jusqu'à admettre que cet « a-théorisme descriptif » soit possible (après tout, dira-t-on, il existe aussi des codex, et les dictionnaires ne sont pas *a priori* « orientés »), restent plusieurs questions concernant les arbres de décision recommandés par le manuel, en application des catégories préalablement définies.

Ces arbres sont construits sur une dichotomie (oui et non) relativement aux entrées axialisées et codées exemple : de 295.10 à 295.95 s'étagent 21 espèces de schizophrénie, codées sur l'axe II (Trouble du comportement). Chaque numéro du code se divise ensuite en plusieurs sous-espèces, A, B, C, D... En admettant que l'une soit exclusive de l'autre, il suffit d'en réduire le nombre à deux pour arriver au « bon » diagnostic. Le système fonctionne donc comme un système expert et la seule différence est que l'un, le *DSM III*, est « manuel » alors que l'autre (le système expert) est informatique. Moins amusant qu'Eliza, dont on pouvait croire qu'il était répétition ironique du discours psychanalytique, l'arbre à décision du *DSM III R* conduit au vertige numérique en donnant l'illusion, quand on arrive à conclure, d'une « vraie » décision, c'est-à-dire d'une décision « objective », dûment atteinte par exploration minutieuse de toutes les possibilités. Il en est ici comme de toutes les décisions inscrites dans une linéarité arborescente : sur le plan de l'efficacité, elles sont généralement redondantes, voire inutiles : on peut par une longue suite de bifurcations « oui-non », renforcer sa première impression — le patient souffre d'un trouble non spécifié... dans la classification dont je me sers. C'est la classification qui est justifiée, et non le diagnostic... Sur le plan théorique, ces classifications sont justement dites « a-théoriques », ce qui est un comble, et « objectives », ce qui est, peut-être, la pire chose qu'on puisse reprocher à une décision médicale...

Cependant, la prime de plaisir n'est pas négligeable : le clinicien a dans sa poche, sous la main (le *DSM III-R* est un « mini » manuel), de quoi faire le poids devant l'écran-expert. Et s'il ne dispose pas de l'écran magique, il possède tout au moins le procédé, le protocole imparable de la décision-miracle, il est magicien, lui aussi.

V. — Les conceptions mécanistes des mass media

Tout comme on l'a vu à propos de l'intelligence artificielle, le point de départ d'une réflexion sur la communication est toujours le schéma classique de la décision, cartésien, représentatif. Dans ce schéma fragmenté, mécanique, l'émetteur est tout-puissant. C'est lui qui envoie la boule de billard, le message qui frappera l'auditeur, le sujet actif, le prince. Le pouvoir entend décider l'autre ou pour l'autre, sujet passif, tout ouïe et tout consentement. On suppose celui-ci prêtant l'oreille au contenu du message et on lui laisse le loisir, cependant, de juger de la réalité de l'authenticité ou du charme persuasif du message reçu. A l'émetteur de se débrouiller pour le rendre acceptable.

1. **Les premières analyses : la domination de l'émetteur.** — C'est le modèle behavioriste d'un stimulus extérieur et d'une réponse qui prévaut ici. Un réflexe quasi conditionné au message installe l'idée d'une domination de celui qui provoque le message. Les ancêtres de cette théorie furent Charcot (hystérie, hypnose), Le Bon (la propagande et la psychologie des foules, Tarde (l'imitation)[1].

Le récepteur est passif, en état hypnotique dit-on, largement influencé par la propagande. La masse est molle, malléable. Jusqu'à Baudrillard, l'ultracritique de la modernité qui parle de sidération... au point d'en être sidéré. Le schéma d'une transmission linéaire de l'information nous vient aussi de la théorie de l'information de Shannon et Weaver, déjà exposée. Mais, comme le dit Thayer, « on oublie souvent que Claude Shannon et Norbert Wiener ont autrefois démenti spécifiquement que leur théorie soit pertinente au processus de la communication humaine. On oublie que Shannon pensait principalement à la transmission et à l'acquisition de signaux électroniques »[2]. Le

1. Encore que Tarde donnait de l'imitation une interprétation très active. Mais il ne fut lu que dans le sens *passif*, ce qui seul compte.

2. *Cybernétique et communication humaine*, VIe Congrès international de cybernétique, Namur, Belgique, septembre 1970.

behaviorisme « oublia » cette « nuance » : Humphrey, F. H. Allport, Holt, plus tard Hull, volontairement ou à leur insu, s'inscrivent dans le schéma pavlovien du déclic qui engendre une réaction, nous poussant à considérer que le destinataire est toujours sous contrôle de l'émetteur, ce que Ravault appelle excellemment la thèse de la victimisation du destinataire[1]. Plus tard, le modèle se nuance. Entre le stimulus (S) et la réponse (R) interviennent des filtres : la société, le monde, la culture ou les modes de production. Des écrans s'insinuent entre R et S. La cybernétique, avec la notion de feed-back, complique le modèle. A chaque tour de piste, celui qui reçoit devient un émetteur. C'est cet émetteur toujours qui importe. Je songe ici aux modèles de Lasswell ou de Schramm. Lasswell et son modèle des 5 W, qu'il dénonce en en restant prisonnier, illustrent le propos : *who says what to whom through which channel with what effect* (qui doit quoi à qui à travers quel canal avec quel effet). Or ces questions valent aussi bien dans le sens émetteur/récepteur que dans le sens récepteur vu comme émetteur vers d'autres récepteurs[2]. Le modèle de Schramm est voisin, c'est toujours l'émetteur, placé ou non un moment en position de récepteur, qui est pris en considération et réellement travaillé[3].

Qu'il s'agisse encore de théoriciens marxistes,

1. Voir sur tous ces acteurs et des auteurs plus critiques la très bonne thèse de Ravault, *Some possible economic dysfunctions of the Anglo-American practice of international communications*, Ann Arbor, Michigan, University Microfilms international, 1980.

2. H. C. Lasswell, The structure and function of communication in society, in *The communication of ideas*, ouvrage collectif sous la direction de Lyman Bryson, New York, Harper & Brothers, 1948, p. 37.

3. Schramm, *Men, Messages and Media : a look at human communication*, New York, Harper & Row, 1973 ; The nature of communication between humans, *The process and effects of Mass communication*, ouvrage collectif sous sa direction, revised edition urbana, University of Illinois Press, 1971.

comme H. Shiller, qui dénoncent l'impérialisme des médias ou d'ouvrages à succès, comme *La persuasion cachée*, de Vance Pakard, on s'occupe toujours du contrôle exercé par l'émetteur sur la population. Comme le dit Lasswell, les fonctions de l'émetteur sont essentielles. Surveillance, mise *in tune* de ce qu'envoie l'émetteur avec ce que pense le récepteur, transmission de l'héritage social à de nouvelles générations. On ne saurait être plus clair. Et le Lazarsfeld de la première génération ne pensait pas autrement, qui cherchait les effets des mass media sur leur audience, sans jamais les trouver. C'est bien le « représenter » qui est convoqué pour soutenir ce modèle. Séparation du représentant et du représenté en émetteur et récepteur, séparation des sujets émetteur et récepteur d'avec l'objet message, réalité des deux sujets et réalité objective du message : le tout est formalisable, mathématiquement, y compris la circularité cybernétique, tandis que le bruit est vu comme extérieur, gênant la réception.

2. **L'émetteur perd ici du pouvoir : le rôle des intermédiaires.** — L'émetteur perd ici de son pouvoir, sans pour autant perdre tout pouvoir. Comme il arrive aux théories de l'information, la prise en compte d'intermédiaires-filtres va compliquer le schéma. L'arrivée sur scène de ces médiateurs est diversement traitée par des auteurs comme Westley et Mac Lean, Katz et Lazarsfeld. Dans le modèle de Westley et Mac Lean, le message que le messager C transmet à B, le récepteur, représente la sélection de deux messages à la fois, celui venant de A, l'émetteur, des sélections de C, des abstractions venant des objets de l'orientation (de X1 à X-) et des abstractions de Xs dans son propre champ sensoriel à lui, C, le messager. Le fait que l'intermédiaire serve comme agent du destinataire constitue un

important déplacement de la problématique initiale, qui accordait un poids exclusif à l'émetteur.

Mais Westley et MacLean s'arrêtent en chemin. L'encodage est décrit par eux comme étant le processus par lequel A et C transforment l'objet initial : ils donnent par là un pouvoir de transformation à l'émetteur, sans reconnaître le même pouvoir au destinataire. Car ils décrivent le décodage comme « le procès par lequel le destinataire B intériorise le message ». Simple intériorisation ici sans création. Seul l'émetteur est créatif.

« Two-step flow communication ». — Les médias n'influencent pas le public directement *(one-step flow)*, mais par l'intermédiaire de groupes ou de leaders qui reprennent ou non le message des médias. Ces leaders d'opinion sont en fait très semblables à ceux qu'ils influencent. Il existe un flux d'influence des médias sur les leaders et de ceux-ci sur l'opinion. Il est évident que, ainsi posé, le problème reste celui d'une origine fléchée de l'information, qui appartient toujours à l'émetteur, même si l'émetteur est double. Mais, comme on le verra dans l'évolution actuelle de Katz, il n'est pas innocent de déplacer ainsi la question. Car, à tant insister sur les symboles partagés par les leaders et ceux qui les écoutent, on finit par développer des analyses de plus en plus fines de sociopsychologie du destinataire. L'important est seulement ici de noter le *two-step flow* comme une étape, comme une fêlure dans l'ancien système fonctionnaliste, informatif, représentatif de la sociologie américaine. Dans ces modèles, les choses restent distinctes : stimuli, effets, même s'il y a parfois interaction entre les deux, quand les analyses deviennent plus fines. Mais le message est réel, objectif, les acteurs restent séparés. La représentation est encore reine.

VI. — La communication représentative dans la science classique des organisations

L'ouvrage de March et Simon, *Les organisations* (Dunod, 1969), fait le point sur les usages de la communication dans les entreprises et dans les théories des organisations les plus classiques (jusqu'aux années soixante environ). Mais aussi et parfois involontairement, March et Simon nous disent beaucoup sur leur propre conception de la communication dans les organisations. La communication s'inscrit, pour ces auteurs, dans un chapitre 6 intitulé « Limitation dans la connaissance des processus rationnels ». Chapitre décisif, s'il en est, puisqu'il contient l'assertion et la justification de la fameuse *bounded rationality* de Simon dont on a montré qu'elle cachait la sempiternelle rationalité universelle[1].

La communication est alors un des éléments constitutifs de la rationalité limitée. Elle prend place dans l'analyse après la description des programmes et stratégies, de l'identification organisationnelle et de la division du travail. C'est en particulier dans le cadre d'une division interne du travail que les « communications » sont envisagées.

Partant des analyses précédentes, les auteurs classent les occasions de communiquer de la façon suivante :

1. Communication d'une activité non programmée.
2. Communication pour déclencher ou pour établir des programmes, y compris les ajustements quotidiens ou « coordination » de programmes.
3. Communication pour fournir les données permettant d'appliquer des stratégies (exigées par l'évolution des programmes).
4. Communication pour l'évocation des schémas (communications qui servent de « stimuli »).
5. Communication pour fournir des informations sur les résultats des activités.

« D'un autre côté, il est extrêmement difficile de communiquer à propos d'objets intangibles qui ne sont pas normalisés. Les aspects les moins structurés des tâches de l'organisation font donc peser sur le système de communication les fardeaux les plus lourds, et

1. Voir Lucien Sfez, *Critique de la décision*, Presses de la Fondation nationale des Sciences politiques, 4e éd., 1992, et *Critique de la communication*, Le Seuil, 3e éd., 1992.

cela particulièrement en ce qui concerne les activités ayant pour objet d'expliquer des problèmes qui ne sont pas encore bien définis » (p. 161).

Les auteurs prennent alors l'exemple de la jauge d'huile qui est, soit « bien », soit « trop basse ».

Dans le premier cas le conducteur ne fait rien ; dans le second « un programme est déclenché pour y remédier (amener la voiture chez le réparateur) ». Commentaire très éclairant. Cet exemple illustre aussi la façon dont on peut simplifier la communication en substituant à des normes apportant des résultats satisfaisants des critères d'optimisation (p. 160).

On ne saurait mieux rabattre la communication sur l'information au sens quasi mathématique ou cybernétique du terme. La communication informative, c'est ce qui permet l'auto-réglage des institutions. Raplatissement réducteur en décision par oui/non. Car les auteurs y insistent en affirmant que de façon similaire, les *activités d'inspection* impliquent souvent des décisions dichotomiques. Dans ces cas, le choix n'est habituellement pas à effectuer entre l'évocation ou la non-évocation d'un programme (action ou inaction), mais entre différents programmes. Ainsi, si le sujet inspecté rentre dans les normes, un seul programme est évoqué (on le laisse de côté pour poursuivre le processus) ; s'il ne rentre pas dans les normes, un autre programme est évoqué (élagué ou retravaillé, selon les cas).

Une des raisons pour lesquelles les classifications permettent d'économiser les communications est que la plus grande partie de la coordination peut être programmée : l'organisation a un répertoire de réponses aux stimuli, et a seulement besoin de savoir en face de quel type de stimulus elle se trouve, afin d'exécuter un programme élaboré. Si l'on a bien compris, la communication est là pour permettre des réponses standards. Nous voilà en pleine « communication artificielle » analogue à l'intelligence artificielle du même Simon. Et nous voilà loin d'une conception aléatoire de la décision, de l'intelligence et de la communication. Ce qui n'est pas normalisé est incontrôlable : c'est bien dommage ! Comme en conviennent March et Simon « d'un autre côté, il est extrêmement difficile de communiquer à propos d'objets intangibles qui ne sont pas normalisés. Les aspects les moins structurés des tâches de l'organisation font donc peser sur le système de communication les fardeaux les plus lourds, et cela particulièrement en ce qui concerne les activités ayant pour objet d'expliquer des problèmes qui ne sont pas encore bien définis ».

Même l'absorption de l'incertitude — concept original de

Simon — est affectée (infecté. ?) par cette conception étroite de la communication.

L'absorption de l'incertitude : Le monde a donc tendance à être perçu par les membres de l'organisation dans le cadre de concepts particuliers qui sont reflétés par le vocabulaire employé dans l'organisation. Les catégories et les schémas de classification particuliers qu'elle emploie deviennent, pour les membres de l'organisation, des attributs du monde plutôt que de simples conventions (Blau, 1955). L'importance donnée aux schémas conceptionnels de l'organisation est particulièrement notable dans l'*absorption de l'incertitude* (6.27). L'absorption de l'incertitude se produit quand les conséquences, déduites d'un ensemble de preuves et de déductions, sont communiquées à la place des preuves elles-mêmes. March et Simon affirment que par ce processus d'absorption de l'incertitude, le récepteur d'une communication a des possibilités très limitées de juger de son exactitude.

Bien qu'il y ait différentes épreuves de la validité vraisemblable, de cohérence interne et de cohérence avec les autres communications, le récepteur doit plus ou moins faire confiance au processus qui s'est produit, et, s'il accepte finalement la communication, il doit l'accepter quasiment telle qu'elle est. « Dans tous ces cas, la personne qui résume et évalue ses propres perceptions directes et les transmet au reste de l'organisation devient une source importante de prémices d'informations pour l'action de l'organisation. Les "faits" qu'elle communique peuvent ne pas être crus, mais ils peuvent rarement être contrôlés. Par suite de la nature et des limites réelles du système de communication, une grande liberté discrétionnaire et une influence importante sont exercées par ces personnes, qui sont en contact direct avec une des parties de la « réalité » qui intéresse l'organisation. A la fois la quantité et *la localisation de l'absorption de l'incertitude* (6.28) affectent *la structure d'influence de l'organisation* » (p. 162).

« La localisation de l'absorption tendra à être fonction de variables telles que :

« *a)* Les besoins du récepteur à l'égard d'informations brutes au lieu de résumés (dépendant du type de données utilisé pour sélectionner le programme approprié) ;

« *b)* Le besoin de corriger les déviations de l'émetteur ;

« *c)* La distribution de la compétence technique pour interpréter et pour résumer les données brutes ;

« *d)* Le besoin de comparer les données provenant de deux sources ou plus afin de les interpréter (p. 162). »

Les auteurs nous indiquent encore qu'il existe un ensemble de courants d'informations, associé à chaque programme, qui communique les stimuli et les données requises pour l'évocation et l'exécution du programme. Généralement cette communication suit des canaux définis, soit par un plan formel, soit par le développement graduel de programmes informels. Les informations et les stimuli se déplacent de leur origine vers les points de décision ; les instructions se déplacent des points de décision vers les points d'action ; l'information sur les résultats se déplace des points d'action vers les points de décision et de contrôle. « Un projet d'organisation rationnelle supposerait que ces canaux soient disposés de telle façon qu'ils diminuent le fardeau de la communication (p. 163). »

On peut encore vérifier la conception hyper-fonctionnaliste de March et Simon dans la description que les auteurs font des unités spécialisées dans la communication : de celles spécialisées dans la transmission physique du message, à celles spécialisées dans l'enregistrement et dans la préparation des rapports ou à celles investies dans la récolte des informations « brutes » (??) ou dans l'approvisionnement en prémices techniques pour la décision, ou dans l'interprétation de la politique de l'organisation ou dans la rétention de l'information (archives et dossiers).

Nous voilà tranquillisés, s'il en était besoin : la conception de la communication de Simon coïncide exactement avec sa conception de la décision (préparation-décision-exécution) et de son artificieuse intelligence. Dans les trois cas les simplifications sont abusives, et parfois opératoires : qu'il s'agisse des *local problem solving* qui sont au cœur des systèmes experts, de sa rationalité limitée qui incarne en effet statistiquement les choix les plus probables dans les organisations, ou de sa communication artificielle qui n'est pas là pour nous permettre de communiquer, ni pour séduire, mais qui est juste présente pour trancher par oui ou par non, dans une situation précise, préprogrammée.

Quel est le prix à payer pour cette opérativité d'une communication très représentationnelle avec sa trilogie émetteur-canal-récepteur qui renvoie si bien à la trilogie de la décision : préparation-décision-exécution ? Ce prix est lourd : celui d'une relative cécité dans l'observation de nos sociétés complexes et aléatoires.

Conclusion du chapitre I
représentation, première définition de la communication

La communication, ici, c'est le message qu'un sujet émetteur envoie à un sujet récepteur par un canal. L'ensemble est une machine cartésienne conçue sur le modèle de la boule de billard dont la marche et l'impact sur le récepteur sont toujours calculables. Causalité linéaire. Sujet et objet restent séparés et bien réels. La réalité est objective et universelle, extérieure au sujet qui la représente. La représentation et ses caractéristiques constituent le fondement même de l'action et de la perception. Position dualiste, chère à Descartes, quoi qu'en disent les tenants d'une intelligence très artificielle. Et ce ne sera pas le moindre de leur paradoxe que d'écarter le dualisme cartésien, tout en usant à plein régime du schéma de Descartes, représentatif, qui pose la relation entre deux substances différentes, corps et esprit, sujet et objet, l'homme et le monde. La représentation est la seule manière de garantir la réalité du sujet et la réalité de la nature. La représentation assure leur coïncidence.

Chapitre II

LA COMMUNICATION EXPRESSIVE

Parallèlement à la conception de la communication représentative, il existe, et depuis longtemps, une autre conception de la communication, la communication expressive. Ici plus d'émetteur, canal et récepteur, plus de boule de billard, de cause et d'effet, avec des successions et des hiérarchies cloisonnées, des signes qui représentent.

Au contraire ici tout est classé d'emblée. L'effet est dans la cause. Des hiérarchies peut-être, mais enchevêtrées les unes dans les autres, si bien qu'on ne sait plus distinguer ce qui est base et ce qui est sommet. Sujet et objet sont liés, mais par des niveaux. La métaphore de l'organisme est reine. Elle prend pour nom le Creatura cher à Gregory Bateson (I), qui nous introduira aux idées de l'Ecole dite de Palo Alto (II), à l'auto-organisation (III), au connexionnisme ou version expressive de l'intelligence artificielle (IV), aux mass medias expressifs (V) et aux conceptions organismiques de la science nouvelle des organisations (VI).

I. — **Le Creatura**

« Bateson irrigue son territoire par un Rubicon ontologique. Sur l'une des deux rives, le Pleroma, le monde des atomes et des boules de billard. Sur l'autre, le

Creatura, le monde de l'organisation vivante et de l'évolution qui, de par leur nature, sont communicationnels. »[1] C'est le Creatura qui intéresse Bateson, car c'est le Creatura qui est communicationnel. Le Creatura ne naît pas de rien, *ex nihilo*. Son référent ? Ce n'est plus Descartes et la machine représentative, mais un jeune loup inquiétant, un dissident : Spinoza.

La dissidence Spinoza. — Ici, la représentation échoue dans sa tâche de transmettre le mouvement des causes aux effets. Pour Spinoza, causes et effets ne sont pas éloignés par une cascade de délégations, car les « effets » de la nécessité de Dieu ne sont pas inférieurs dans leurs manifestations à la cause qui les a produits. La cause est immanente aux signes, elle leur est intérieure. Ainsi les idées expriment-elles la nature et ne la représentent pas. Le monde intellectuel est celui par lequel nous communiquons entre nous, pour peu que nous sachions que nos idées ont en commun d'appartenir à Dieu (ou à la Nature), non comme des parties séparées et mutilées de son Etre-Nature, mais comme expression totale de sa totalité. Or, sans jamais faire référence explicite à la philosophie de Spinoza, c'est bien sur les principes de l'expression, par opposition à ceux de la représentation, que les théoriciens de la communication organique s'appuieront. Essayons de marquer clairement ces articulations et points d'appui. Il y a là, non seulement une « autre » manière de s'occuper de la communication, une sorte de complément aux théories existantes, mais un véritable changement de régime.

— A commencer par un changement de *régime sensoriel* : avec la représentation, nous étions dans le

1. Gilles Coutlee, *La métaphore de la cybernétique chez Bateson*, Colloque de Cerisy sur E. Morin, juin 1986 ; plus généralement, lire Judith Schlanger, *Les métaphores de l'organisme*, Vrin, 1971.

registre du visible. L'image occupe la première place, et la machine est conçue selon l'iconique. Avec l'expression, nous voici du côté de l'audible : il ne peut y avoir d'expression audiovisuelle de l'autoférence, de ce qui s'enveloppe soi-même. La visibilité ne dépend pas de l'image formée que nous percevrions, mais du simple choc de l'onde lumineuse, abstraite de toute forme définie. Je perçois *ma* voix sans recours à un instrument pour la capter. Ce que je ne peux faire avec le regard. Je ne peux me voir qu'à l'aide d'un objet réfléchissant : miroir, eau sombre, reflet... La différence n'est pas minime, car l'ouïe instaure un rapport au temps qui est de l'ordre de la simultanéité, et non de la séquence. Passage de l'image claire et distincte à l'écoute flottante.

— Le temps se *replie*. Il devient circulaire. Il n'y a plus de déroulement linéaire. Pas de commencement (l'expédition de la boule de billard) ni de fin (la réception à l'extérieur). De fait, l'organisme, cette totalité centrée sur elle-même, ne peut être instrumentalisé pour des fins extérieures.

— Le vouloir ici est identique au pouvoir. En place et lieu d'un sujet qui peut parce qu'il veut, nous avons un organisme qui est supposé vouloir uniquement parce qu'il *peut*. En place de l'*impetus* cartésien, le *conatus* spinoziste. Si sujet il y a, c'est un élément qui traduit le tout, plié au-dedans de la structure organique totale. Il participe au tout et communique avec le tout, à condition de bien se situer dans ce tout, d'énoncer ce qui peut favoriser les bonnes rencontres, en évitant les mauvaises, et ce, par un amour intellectuel de Dieu.

— Ce que la partie a de commun avec le tout est ce par quoi elle *communique*[1]. Il y a analogie de structure entre son organisme propre et le grand animal qu'est le cosmos. D'où l'adéquation de nos idées non pas à un

1. *L'Ethique*, II, Prop. 38.

objet sectoriel, mais aux liaisons et aux compositions par quoi nous entrons en contact avec d'autres individus et avec le corps du monde : « L'ordre et la connexion *(ordo et connexio)* des idées sont les mêmes que l'ordre et la connexion des choses. »[1]

— Ainsi posé, c'est toute la réflexion organiciste qui se met en place : la « réalité » que la représentation met en face de l'homme comme un objet est ici « construite » dans le rapport interne des idées entre elles (connexion). Auscultons l'organisme, il donnera le monde, la « réalité de la réalité » comme aussi bien la « complexité » et l' « auto-référence ». La réalité extérieure au sujet a disparu ici : lui est substitué un individu capable de favoriser ses bonnes rencontres avec le monde. Cette vision auto-référente de la réalité a, sur les deux plans de la pratique et de la théorie de la communication, des conséquences non négligeables. Indiquons-en les principales, nous y reviendrons par la suite plus en détail.

1. **De la ligne au cercle.** — Gardons pour l'instant Bateson comme guide dans l'univers complexe d'une communication organique. Plusieurs notions sont essentielles pour entrer en Creatura : monisme, circularité, interaction.

A) *Le monisme.* — Nous assistons à une attaque en règle du dualisme attribué à Platon, des dichotomies corps/esprit, substance/forme. L'auteur oppose joliment au dualisme « l'unité sacrée de la biosphère »[2]. Comment la démonte-t-il ? Il traite de la structure qui relie ou de la structure des structures. La pensée humaine est une histoire et fait partie d'une histoire. Ce

1. *Ibid.*, Prop. 7.
2. *La nature et la pensée*, Ed. du Seuil, 1984, p. 28.

qui est pertinent dans une pensée, c'est ce qui se rapporte à la même histoire. Tout comme ce qui est pertinent dans la nature. En quoi consiste une histoire qui relie ses éléments constitutifs ? Elle consiste en son contexte qui est structure dans le temps[1]. Poser la structure qui relie, c'est dire que toute communication nécessite un contexte, que sans contexte il n'y a pas de sens et que les contextes n'ont de sens que parce qu'ils s'insèrent eux-mêmes dans une classification des contextes, formant de nouveaux contextes. Et la formation par un contexte apparaît enfin pour ce qu'elle est : une grammaire. Nouvelle grammaire de la communication, sans rapport avec l'ancienne, analytique, substantialiste, diviseuse. « Je reste fidèle à l'hypothèse que notre perte du sens de l'unité a été tout simplement une erreur épistémologique. »[2]

B) *La circularité.* — La circularité des éléments et la différenciation des niveaux, en un mot la complexité, sont reprises de la vision écosystémique et cybernétique, mais avec une insistance sur le développement des sociétés et des personnes, car ce qui importe à Bateson et à ses amis, c'est le changement, sa juste description et les voies de sa création volontaire. Avec la notion de circularité, on renonce au modèle énergétique qui tend toujours à l'entropie. Point énergiquement affirmé à chaque instant par tous les tenants de l'école. « On a souvent tendance, dans la prose explicative, à invoquer des quantités de tension d'énergie — que sais-je encore — pour expliquer la genèse d'une structure. Je suis convaincu que de telles explications sont inadéquates ou erronées : du point de vue de l'agent qui produit un changement quantitatif, tout changement de

1. *Ibid.*, p. 23 sq.
2. *Ibid.*, p. 27.

structure qui peut se produire sera un événement imprévisible, ne se situant pas dans son prolongement. »[1] L'enjeu est clairement posé : continuité reproductive ou discontinuité aléatoire.

Le changement, ou différence, est un changement de niveau d'information, un recadrage, c'est-à-dire la création d'un contexte. La réalité n'est pas une mais deux, trois ou davantage. La réalité de la réalité, comme dit Watzlawick dans le titre d'un livre[2]. C'est par l'analogique que se constitue le contexte et par lui qu'on accède à la création d'un nouveau contexte.

C) *L'interaction.* — La notion de circularité ainsi posée conduit à celle d'interaction généralisée de l'observé et de l'observateur. L'interaction devient elle-même système. Tous les thèmes habituels du systémisme dans sa métaphore organique sont repris ici : sous-systèmes, milieux, communications verticales et horizontales entre les éléments, totalité, non-sommativité, exclusion des relations unilatérales entre les éléments, rétroaction, équifinalité, homéotasie, etc.[3].

Mais déjà une originalité pointe chez Bateson : l'interaction se définit par un échange entre sous-systèmes, échange d'informations caractérisées par une différence. L'information, c'est une différence produisant de la différence. Surtout, comprenons bien ici la différence entre le systémisme classique et Bateson : le système interactif des classiques est vu comme procédé de description. L'interaction batesonienne est vue comme processus de changement à construire. Palo Alto est volontariste. Il ne s'agit plus de décrire, mais d'agir. Et l'on sait d'ailleurs — encore un trait de circularité — que

1. *La nature et la pensée, op. cit.*, p. 61.
2. *La réalité de la réalité*, Paris, Ed. du Seuil, 1978.
3. Voir Watzlawick *et al.*, *Une logique de la communication*, Ed. du Seuil, 1979, p. 118 sq.

la description n'est pas neutre ou innocente, mais qu'elle entraîne toujours une différence, qu'elle est elle-même action.

2. **La rupture de von Foerster.** — Dans sa *Note pour une épistémologie des objets vivants*, von Foester nous livre les clefs de son système. Deux définitions de la communication nous cueillent aux entrées multiples de sa forteresse. « La communication est l'interprétation, faite par un observateur, de l'interaction de deux organismes 1, 2. » Plus encore : « La communication est une représentation (interne) d'une relation entre soi (une représentation interne de soi) et un autre », donc « rien n'est (ne peut être) communiqué », puisque aussi bien tout dépend du seul observateur et que « l'activité nerveuse d'un organisme ne peut être partagée par un autre organisme ». Paradoxe insoutenable et sur lequel pourtant nous fondons nos actions : il est tout à la fois nécessaire de communiquer pour comprendre les organismes vivants, leurs interactions, et pour agir sur eux, et impossible de communiquer, puisque tout dépend de notre subjectivité. Reste une mince ligne de crête : le langage connotatif imagé, approximatif, analogique par lequel nous échappons au solipsisme en créant entre nous, observateurs, une communauté d'observations.

Nous en sommes donc réduits à faire l'expérience du *knowledge knowing*[1], une science à la seconde puissance, qui consiste à connaître notre processus de connaissance — processus qui se développe dans l'intimité de notre pensée et que seul vient valider... le processus même.

1. Voir particulièrement sur ce point von Glasersfeld, Reconstructing the concept of knowledge, in *Archives de Psychologie*, 1985, n° 53, p. 91.

Face à face obligé, comme en miroir. Il faut au moins deux observateurs pour que l'observé puisse être un observateur. Et ce procès peut être répété indéfiniment. Telle est la loi de la réalité généralisée[1]. Nous sommes dans une réalité de second ordre, comme dans une cybernétique de second ordre, elle-même réinterprétée. « Réalité de la réalité », formule de von Foerster qui a fait fortune depuis[2].

Sur cette lancée, von Foerster énonce la formule *Cognition-Computation*[3]. Connaître c'est alors « computer de computer », si j'entends par le néologisme *computer*, non seulement calculer, mais tout processus d'inférence logique. Où l'on voit d'emblée la différence entre *computation* chez les théoriciens du « dans » et *computation* chez les mécanicistes. Von Foerster prend computation dans le sens de *putare*, penser avec, contempler ou méditer. Cette acception inclut et dépasse le mécanisme du pas à pas, cher à Simon. Le connaître n'est pas analysable par morceaux. Connaître repose sur une récurrence incessante de la pensée à la pensée par quoi se définit... le connaître.

3. **Tableau de la métaphore organistique.**

A) La réalité objective n'est plus posée comme un objet. Elle cède devant une réalité que l'on nomme du second ordre et qui est construite relativement à nos positions. L'observateur a une influence déterminante

1. Von Foerster, On self organising systems and their environments, in *Self organising systems yovits*, ouvrage collectif sous la direction de Cameron, Londres, Pergamo Press, 1960, p. 37.

2. Voir Watzlawick, *La réalité de la réalité*, Ed. du Seuil, 1984, et toute l'école de Palo Alto.

3. Dans On constructing a reality, in *Environmental design research*, Preiser Dowden, Hutchinson et Ross, Stronberg, 1973, t. II, p. 35-46.

sur ce qu'il prétend observer. Principe de relativité à notre connaissance.

B) Mais la subjectivité n'est pas, pour autant, le dernier mot. Sinon, nous entrerions en solipsisme. Subjectivité donc, mais relative. L'observateur n'est pas solitaire dans la mesure où il se connaît comme observateur, au même titre que les autres observateurs. Il se sait observé autant qu'il observe lui-même. On peut nommer cette position « intersubjective » ou « subjectivité associée ». Au vrai, c'est la relation entre observateurs qui est objectivante. L'objet se construit en réseaux connectés d'observations, que vérifie l'action.

C) La réalité du second ordre inclut son propre « bougé » : Le bouclage interne d'un système relativisé n'est pas un cercle clos, un déroulement sans fin. A mesure des observations, la réalité se change en une autre. Le processus, s'il est bouclage, n'est jamais achevé.

D) En effet, un système organisé comme le sont les machines organisées ou les systèmes vivants est un système qui évolue, parce qu'il est complexe, c'est-à-dire circulaire et hiérarchique par niveaux interconnectés. Cette évolution, qui dépend d'une certaine organisation interne, définit ce qu'on nomme « auto-organisation ». L'auto-organisation, on le remarque, renvoie à la non-réalité extérieure, puisque ce n'est pas du dehors que nous recevons des informations, mais du dedans que l'échange entre divers niveaux produit de la communication.

Ces divers points, sommairement présentés, sont le bien commun d'un certain nombre de théoriciens (épistémologues, biologistes, physiciens, neurobiologistes), qui les exploitent chacun à sa manière.

II. — L'école dite de Palo Alto

Inspirée par Bateson et von Foerster, l'école de Palo Alto se situe, sans conteste, dans la métaphore de l'organisme, dans la philosophie de l'expression. La communication a projeté autour d'elle des machines destinées à la soutenir, à l'améliorer, à la contenir. Peu à peu, ces machines ont envahi la place, de telle sorte que, derrière cet écran, on en oublie ce que communiquer signifie et on ne sait même pas si la communication a jamais eu d'autre contenu que la propriété quasi indéfinie de provoquer la construction des machines. Elles semblent communiquer avec elles-mêmes, se renvoyer les unes aux autres.

Constatation banale, mais oubliée, que nous sommes *dans* le monde, partie intégrante du système qui nous fait autant que nous le faisons. S'il en est ainsi, nous devons renoncer à poser des objets distincts en face de nous, avec la prétention de pouvoir les comprendre, les expliquer, les pénétrer. Nous devons plutôt nous demander comment nous avons l'illusion de les voir comme objets et, parallèlement, nous interroger sur la manière dont nous les produisons alors que nous en sommes des parties... Autrement dit, l'environnement, à qui nous attribuons la propriété exclusive d'être en dehors de nous, est en fait, à l'intérieur. Ces machines, ces théories, ces communications, ces « Autres », c'est nous qui les portons, ils font partie de nous. Nous ne communiquons pas d'atomes séparés à atomes séparés, par un canal isolé, mais par des parties égales au tout, lui-même égal aux parties. Inclusion réciproque. Le « germe » se substitue au programme en extension. Le représenter cède la place à l'exprimer.

L'effet, qui, par un mouvement retour, affecte la cause, ne lui est pas inférieur. Pas de dégradation ni de perte dans le mouvement comme c'était le cas pour la boule de billard et les machines. L'organisme se construit en spirale. L'organisme croît, c'est là un aspect de son organisation que d'aucuns appelleront « auto-production ».

De secteur de la connaissance, la communication passe au rang de contenant général. Tout est communication. On ne peut lui échapper. Toute activité, scientifique ou ordinaire, se situe à l'intérieur d'une enveloppe qui s'appelle communication. La communication fournit les règles d'appréhension pour toute chose au monde. Car la science, l'art ou les pratiques quotidiennes ne sont plus que des secteurs contenus dans le contenant communication. La communication va refléter tout le jeu du savoir et des activités. Ses règles seront universelles. En ce sens, elle devient reine.

1. **De l'individu à l'orchestre.** — « Ce modèle de la communication n'est pas fondé sur l'image du téléphone ou du ping-pong — un émetteur envoie un message à un récepteur, qui devient à son tour un émetteur —, mais sur la métaphore de l'orchestre (...). Mais dans ce vaste orchestre culturel, il n'y a ni chef ni partition. Chacun joue en s'accordant sur l'autre. »[1]

Le « collège invisible »[2] désigne les chercheurs qui en font partie. Il fonctionne en synchronie, en homéostasie avec l'extérieur qui le borde. Les interactions internes lui donnent une réelle homogénéité, et les principes mêmes d'une cybernétique *psychothérapique*, orchestrale, gouvernent fermement l'ensemble.

1. *La nouvelle communication*, textes présentés par Yves Winkin, Ed. du Seuil, 1981 ; voir aussi, par Yves Winkin, *Anthropologie de la communication*, De Boeck, 1996.

2. Comme l'appelle Yves Winkin.

A) *Le fameux « double bind ».* — On peut prendre ici pour exemple le fameux *double bind* ou double contrainte. Dans un contexte où deux ou plusieurs personnes sont prises dans une relation intense, un message est émis, structuré de manière telle qu'il affirme quelque chose, affirmant aussi quelque chose sur sa propre affirmation. Or ces deux affirmations s'excluent. « Si le message est une injonction, il faut lui désobéir pour lui obéir. Le sens du message est donc indécidable. »[1] On ne peut pas ne pas réagir à ce message. On ne peut y réagir. Plus encore, il est interdit de manifester qu'il y a contradiction. « Un individu, pris dans une situation de double contrainte, risque donc de se trouver puni (ou tout du moins de se sentir coupable) quand il perçoit correctement les choses, et d'être dit « méchant » ou « fou » pour avoir ne serait-ce qu'insinué que, peut-être, il y a une discordance entre ce qu'il voit et ce qu'il devrait voir. »[2]

On pense alors que le *double bind* semble appartenir au champ de la thérapie familiale, où le phénomène est observé.

B) *L'anthropologie.* — Mais le *double bind* se rattache aussi à des structures sociales plus larges, où il a été remarqué par Bateson dans les sociétés à contraintes symétriques ou à contraintes complémentaires.

En 1935, Bateson a relaté une interaction observée en Nouvelle-Guinée dans la tribu des Iatmuls[3]. Il a appelé le phénomène « shismogenèse » : soit, par exemple, un

1. Watzlawick *et al., Une logique de la communication*, Ed. du Seuil, 1979, p. 213.

2. *Ibid.*, p. 213.

3. Gregory Bateson, Culture contact and shismogenis, *Man*, 35, 1935, p. 78 ; il a décrit plus en détail le même phénomène dans son livre *La cérémonie du Naven*, Ed. de Minuit ; voir aussi, du même auteur, *Vers une écologie de l'esprit*, Ed. du Seuil, 1977, t. I, p. 83 sq.

des modèles de comportement culturellement approprié à l'individu A et considéré comme un modèle autoritaire. B peut y répondre par la soumission. A deviendra de plus en plus autoritaire et B de plus en plus soumis. Premier type de changement, appelé par Bateson complémentaire, et qui l'oppose à un deuxième type, qu'il appelle symétrique : si la vantardise constitue le modèle d'un groupe et que l'autre y répond par la vantardise, la compétition mènera bientôt à la surenchère. Ainsi des tribus kabyles analysées par Bourdieu qui se ruinaient à force de dons de plus en plus somptuaires qu'elles se faisaient l'une à l'autre[1]. La théorie du *double bind* s'en trouve alors affectée : d'une part, le *double bind* s'avère pris dans un système d'ensemble et ne peut être isolé de lui ; d'autre part, sa portée sera différente selon que la relation sera symétrique ou complémentaire[2]. Le *double bind* nous a donc entraînés en anthropologie. Mais nous n'y restons pas longtemps.

C) *La logique des classes.* — Les classes logiques permettent de régler la contradiction du *double bind* : il y a bien des messages qui s'annulent en apparence, mais, en réalité, ils ne peuvent s'annuler puisque l'un et l'autre relèvent de classes logiques différentes. Ou encore, ils relèvent tous deux de la même classe et, dans ce cas, ils s'annulent et on peut prendre conscience du non-sens. Un axiome essentiel de la théorie des types logiques est que ce qui comprend tous les membres d'une collection ne peut être qu'un membre de la collection, selon Whitehead et Russell[3]. Ainsi l'économie d'une ville de

1. Pierre Bourdieu, *Esquisse d'une théorie de la pratique*, Droz.
2. Watzlawick en a fait application à la psychiatrie dans « An anthology of human communication », *Text and tape science and behavior books*, Palo Alto, 1964, p. 7 sq., p. 143 sq.
3. *Principia mathematica*, Cambridge University Press, 2e éd., t. I, p. 37.

quatre millions d'habitants ne peut-elle se réduire à l'économie d'un individu multipliée par quatre millions. L'individu est membre d'une classe, mais la multiplication des individus ne donne pas la classe. Malheureusement, dans le langage naturel, il est malaisé de différencier nettement membre et classe.

D) *Thérapie.* — La méthode consiste à demander au patient de se comporter comme il le fait déjà, ce qui équivaut au paradoxe « Soyez spontané. » « Si l'on demande à quelqu'un d'adapter un certain type de comportement, jugé jusque-là comme spontané, il ne peut plus être spontané, parce que le fait de l'exiger rend sa spontanéité impossible. »[1] Du coup, l'injonction paradoxale impose au patient une modification de son comportement. Le patient est alors contraint de sortir de son jeu, de commencer à le maîtriser.

2. De la théorie à l'expérience.

A) *La place de la théorie.* — La science traditionnelle ne prouve jamais rien, car tantôt elle améliore des hypothèses, tantôt elle les réfute. Mais elle ne peut prouver : la vérité impliquerait une adéquation précise entre la chose décrite et la description qui en est faite. Le codage, la traduction simplifient toujours à l'extrême ce qui est fait de chair, de sang et d'action[2]. La science procède par déduction. Qu'est-ce à dire ? D'abord elle décrit, puis elle explique, séparant description et explication. L'explication ne sert jamais qu'à fournir des liens supplémentaires aux éléments de la description. En somme, en expliquant, on répète ce qu'on décrit. La description se transforme en tautologie. C'est une

1. Watzlawick *et al., Logique..., op. cit.*, p. 241.
2. *La nature et la pensée*, Ed. du Seuil, 1984, p. 33.

cartographie de l'explication, ou encore une mise en relation de l'explication et de la description[1]. Il faut remplacer ce modèle répétitif, stérile, par l'abduction ou transposition comparative[2]. Ou encore, « superposition comparative »[3]. En un mot, il s'agit d'analogie.

B) *Le temps de la recherche-action.* — La recherche-action est efficace. Son temps est différent de celui de la recherche classique. L'acte thérapeutique est bref. Il concerne un moment précis, une situation donnée. Il ne concerne pas les causes lointaines (foin des longues analyses freudiennes). Il est relatif au contexte actuel. Si le présent est conditionné en partie par le passé, la recherche des causes passées est aventureuse ; d'autant qu'on sait bien que ce que « A dit à B de son passé est étroitement lié à la relation actuellement en cours entre A et B et déterminé par elle »[4]. Il convient donc d'étudier directement la communication d'un individu avec son entourage.

Les causes sont peu importantes, les effets fondamentaux. Le symptôme est le fruit de l'interaction contextuelle, plus que le résultat de forces intrapsychiques supposées. On comprend alors que la thérapie soit plus brève que dans la psychanalyse classique, que sa brièveté puisse même être recommandée systématiquement dans certains cas. On verra plus tard l'usage qu'en feront Ehrard et Shaw, et l'incroyable accélération de la *quick therapy*.

C) *Les métaphores de « will » et du « self ».* — L'accent est mis dans tous les cas et dans toutes les disciplines de Palo Alto sur le changement immédiat. Pragmatisme,

1. *Ibid.*, p. 87 à 89.
2. *Ibid.*, p. 94 et 149.
3. *Ibid.*, p. 87.
4. Watzlawick *et al.*, *Logique... op. cit.*, p. 40.

car c'est l'action possible qui est envisagée par un individu déterminé, en situation, à qui on rend ses capacités inventives et sa volonté. Ce changement ne fonctionne donc que par discontinuité : il est soudain, inattendu, illogique, non déductif, comme toutes les grandes visions volontaires, celles qui créent des nouveaux contextes[1].

Tout cela est fort différent du système classique, même dans sa métaphore organique essentiellement descriptive, qui ne songeait pas à l'action, encore moins au sujet agissant, aux acteurs de changement. Ce *will* et ce *self* demeurent à l'horizon comme concepts à établir. Watzlawick, dans son livre humoristique, y fait sans cesse référence. Sa prescription de symptômes prend pour nom aujourd'hui « Faites vous-même votre malheur. »[2] Autrement dit, si vivre dans le malheur est à portée du premier venu, on peut encore améliorer la performance en usant de recettes éprouvées.

Quant à Bateson, son dernier mot est très politique, ainsi qu'en témoigne son mémorandum aux régents de l'Université de Californie[3]. « Qu'est-ce qu'une plus vaste perspective ? Une perspective à propos de perspectives. La question qui se pose alors est la suivante : en notre qualité de membres du conseil, encouragerons-nous tout ce qui va contribuer à faire naître chez les étudiants, que ce soit dans la faculté ou à la table même de notre conseil, ces perspectives plus vastes qui redonneront à notre système la synchronie ou l'harmonie appropriées entre la rigueur et l'imagination ? »[4] Où l'on voit ici que l'écosystémisme a carrément tourné en morale

1. *Ibid.*, avant-propos, p. 7.
2. Titre de son livre, Ed. du Seuil, 1984.
3. Publié en annexe dans *La nature et la pensée, op. cit.*
4. Mémorandum aux régents de l'Université de Californie, annexe à *La nature et la pensée, op. cit.*, p. 213.

prophétique. Mais les effets de Palo Alto ne sont pas seulement moraux.

On peut mentionner sans les développer faute de place (voir sur ce point *Critique de la communication*, Le Seuil, 2e éd., 1990), ici des effets d'ondes concentriques de plus en plus larges, depuis la maladie mentale en passant par les relations culturelles, les effets socio-politiques, enfin les effets en science humaine. On renvoie ici à deux nouveaux ouvrages, l'un de Bateson et Ruesch intitulé *Communication et société*[1], l'autre constitué des actes du Colloque de Cerisy organisé par Yves Winkin, intitulé *Bateson : premier Etat d'un héritage*[2].

III. — Auto-organisation : clôture et remèdes

Von Foerster insistait déjà, on l'a vu, sur le fait que l'émetteur et le récepteur de l'information appartiennent tous deux au même système. Elle est ici, centralement, la convergence de von Foerster, de Maturana et de Varela[3].

Examinons les assertions de Maturana et de Varela. Nos auteurs dénoncent trois postulats.

1. Trois postulats.

Postulat n° 1. — Le monde a une réalité objective, indépendante de nous en tant qu'observateurs. Ce postulat, confirmé par l'expérience, reste non démontré.

Postulat n° 2. — Nous connaissons à l'aide de nos organes sensoriels par un processus de projection de la réalité extérieure objective sur notre système nerveux.

Cette thèse répétée de spécialistes — Changeux en

1. Le Seuil, 1988.
2. Le Seuil, 1988.
3. « Autopoïesis and cognition : the realisation of living », *Boston studies in the philosophy of science*, t. XLII, Reidel, 1980.

tête — est certainement utile aux expérimentateurs qui montrent que certaines cellules nerveuses jouent le rôle de filtres, opérateurs perceptifs à l'intérieur du système nerveux.

Ces opérateurs peuvent uniquement indiquer que certaines opérations de projection peuvent être effectuées. Mais on ne peut en déduire aucun trait objectif du monde extérieur. En termes clairs, la couleur n'existe pas dans le monde « objectif ». Il n'y a pas de couleur objective. La couleur est une fabrication interne du système nerveux[1].

Postulat n° 3. — L'information est une véritable profondeur physique, objectivement mesurée comme propriété d'organisation de tout système observable.

Cette idée d'une information réelle et objective, collectée par des organes sensoriels et source pour les systèmes d'assertions objectives sur le monde extérieur, est fallacieuse. D'une part, parce que l'information est sans valeur sémantique, quoi qu'en pense l'observateur qui attache une valeur sémantique au phénomène biologique qu'il envisage, comme si cette valeur sémantique participait aux mécanismes des réalisations.

D'autre part, parce que l'environnement comme agent perturbant peut jouer « le rôle de circonstance historique à l'égard de leur occurrence, mais non à l'égard de leur détermination »[2].

S'il existe une réalité objective (?), le mode d'accès à la cognition dépend en réalité seulement du sujet. En fait, il n'y a pas de réalité objective, mais une science du sujet.

Première idée. — La faculté de connaissance est constitutive de l'organisation du sujet connaissant. Elle

1. Maturana, Biology of language, the epistemology of reality, in *Psychology and biology of language and thought*, NY Academy, 1978.

2. Maturana, Stratégies cognitives, in *L'unité de l'homme*, Ed. du Seuil, 1978, t. II, p. 158.

est donc phénomène biologique. Un système autopoïetique est un système homéostatique qui produit sa propre organisation dont les vertus essentielles sont de conserver l'identité du système tout en lui faisant subir les transformations indispensables à sa survie. L'autopoïetique s'oppose alors à l'allopoïetique : les machines allopoïetiques ne produisent pas les composants qui les constituent en unités, et, de ce fait, le produit de leur fonctionnement est différent d'eux-mêmes.

Ce qu'Edgar Morin reprend de façon frappante : une machine est différente d'un système vivant en ce qu'elle ne se désintègre pas quand elle s'arrête de fonctionner, puisque la source de son énergie est ailleurs qu'en elle-même. Alors qu'un système vivant autoproduit son fonctionnement, assure sa propre générativité et, dès lors, se désintègre s'il arrête de fonctionner[1].

Deuxième idée. — Le système nerveux est un réseau clos de neurones latéraux parallèles et agissant les uns sur les autres de manière récursive[2].

Il n'y a ici ni extérieur ni intérieur, mais clôture. Il n'y a, dès lors, aucune distinction à faire entre perception et hallucination.

Troisième idée. — Ce système nerveux est couplé à l'organisme qui l'intègre, de façon que sa structure se trouve constamment déterminée par sa participation à l'autopoïese de l'organisme. Il y a en réalité couplage de deux phénoménologies, l'une atemporelle et close (celle du système nerveux), l'autre historique et ouverte (celle de l'organisme et du milieu ambiant auquel le système

1. *La nature de la nature*, Ed. du Seuil, 1977, p. 170 et 194 sq. ; voir aussi pour la définition autopoïetique du vivant, Zeleny, *Autopoïesis, a theory of living organisation*, NY, Elsevier North Holland, 1978.

2. Maturana, *Biology of cognition, op. cit.*

nerveux est couplé). Imbrication permanente de l'histoire et de l'atemporalité[1].

2. **La clôture Varela.** — Varela renforce par son concept de clôture opérationnelle ce que la pensée de l'auto-organisation laissait encore dans le flou. Il entend se situer à l'intérieur même du mécanisme par lequel le vivant s'autoréalise. Il durcit alors le point de vue de l'auto-organisation.

A cette fin, il lui faut surmonter l'obstacle du fameux théorème d'Ashby sur l'impossibilité d'une auto-organisation pure. Il lui faut éliminer le paradoxe d'un métaniveau et d'un niveau simultané, d'un contenant et d'un contenu coalescents, d'un régulateur qui serait en même temps un régulé. Il tente donc de bâtir une théorie des systèmes autonomes qui développe et enveloppe la théorie de l'autopoïese[2]. Si deux espaces isomorphes l'un à l'autre ne peuvent être distingués, on peut, pour contourner Ashby, construire un domaine isomorphe à celui de ses endomorphismes. « Alors les éléments du domaine, représentant les opérandes, seront situés au même niveau descriptif que les applications du domaine dans lui-même qui conservent sa structure représentant les opérateurs et les processus. Opérateurs et opérandes sont devenus indistinguables. »[3]

N'y aurait-il plus de réalité objective ? Serions-nous en plein solipsisme ?

A cette question, F. Varela répond en se défendant d'avoir jamais pensé contraire une théorie de l'autopoïese.

1. Maturana, « Biology of language », in *Psychology and biology of language and thought*, NY Academy, 1978

2. Dans *Principles of biological autonomy*, NY, Oxford, Elsevier North Holland, 1979.

3. Comme le dit le présentateur de la séance consacrée à Varela dans *L'auto-organisation*, Ed. du Seuil, 1973, p. 143.

« C'est une notion locale, pas une théorie. Une notion qui sert à poser des questions particulières. C'est toujours une surprise pour moi lorsque les gens identifient une notion et une théorie. Une autre surprise est l'idée que l'autopoïese implique la non-interaction. C'est de la bêtise, du non-sens. L'idée n'est pas de traiter des systèmes clos, mais de reconceptualiser ce qu'est la nature de l'interaction (...) »[1].

Frein de dernière minute, échappatoire dans le « micro » ou véritable mise en garde contre les généralisations abusives... La clôture opérationnelle fait-elle office de modèle théorique ou est-elle « une notion locale » ? La question reste posée.

3. **Atlan circonscrit le problème.** — A tout cela, Atlan répond en bloc qu'il lui semble évident que les systèmes sont ouverts, car si les échanges avec l'environnement s'arrêtent, ces systèmes meurent. Ces systèmes reçoivent-ils des courants d'information de l'extérieur ou d'un environnement déjà cartographié par les projections du système lui-même, tel que ce qui viendrait de l'environnement ne serait qu'un retour de projection antérieur du système sur l'environnement ? En tout cas en l'absence d'informations externes, le système ne peut s'auto-organiser, c'est-à-dire changer son organisation[2]. Pas d'auto-organisation au sens strict dans un système fermé, selon le théorème d'Ashby[3]. L'ordre ne peut venir que du bruit extérieur. « Mais quand les facteurs de l'extérieur sont aléatoires

1. Interview de F. Varela par I. Stengers, in *Cahier du CREA*, n° 8, « Généalogie de l'auto-organisation », novembre 1985.

2. Voir Atlan, *L'organisation biologique et la théorie de l'information*, Herman, 1972.

3. Dans son article « Principles of the self organising system », in *Principles of self organisation*, ouvrage collectif sous la direction de von Foerster et de Zopf, NY, Pergamon, 1962.

par rapport à l'état présent d'organisation et que leurs effets sont un changement d'organisation qui n'est pas forcément destructeur, c'est alors qu'on parle quand même d'organisation. »[1] Si, pour l'observateur, les échanges d'informations du dehors vers le dedans ne sont que bruits, pour le système, ce bruit est source d'organisation.

Conception souple d'une auto-organisation *lato sensu* qui s'oppose à une auto-organisation assez... totalitaire, et qui se veut très rigoureuse. Atlan, correcteur de Varela.

Les démarches de Varela et d'Atlan relèvent d'une inspiration commune : l'être vivant est en lui-même le cadre de ses significations, on ne peut donc le penser *en principe* qu'à l'intérieur. C'est *en principe* qui pose problème. Car ce principe est nécessaire et impossible selon Atlan, nécessaire et possible pour Varela. A cet égard, Atlan reste dans une ambiguïté délibérée et productive : je ne peux que me situer comme observateur extérieur, mais je vais tenter dans le même instant un mouvement tournant vers l'intérieur. Le fait de savoir que je reste malgré tout observateur extérieur, avec mes propres limites, m'enlève toutes prétentions à une connaissance universelle. En même temps, je ne veux pas renoncer au savoir interne. je sais qu'il existe, qu'il est d'un autre ordre que celui du savoir « objectif ». Je vais donc me plonger dans l'interne ou même seulement faire semblant.

Comportement qui donne lieu à une analyse subtile. Ce qui est bruit pour un observateur extérieur devient signification, source de réorganisation et d'ordre à l'intérieur du système. Le bruit est source d'ordre et génère de nouvelles organisations.

Les travaux déjà anciens sur l'échange d'énergie, la

1. *Unité de l'homme, op. cit.*, p. 181.

déperdition de chaleur, son utilisation dans un système plus large englobant plusieurs sous-systèmes, les calculs de la mesure de l'entropie comme désordre maximal des particules équiprobables sont autant de pistes non négligeables qui ouvrent la voie à une réflexion du troisième type[1]. Mais qu'elles aillent toutes en direction d'une certaine indétermination de l'ordre affectant un système et convergent vers la seule probabilité qu'un système puisse être mesuré selon son état d'entropie, et elles oublient quelque chose d'essentiel : la signification[2].

Aucun phénomène ne peut être perçu indépendamment de la signification qu'il revêt pour un observateur. Qu'est-ce qu'un message qui ne comporterait que des unités calculables et dont les propriétés seraient toutes abstraites ? Redondance et nouveauté, quantités d'information, etc. ? On oublie que le message porte un sens qui n'est pas celui de la multidirection ou de la direction vectorisée de ses éléments en vue de sa consistance, mais une véritable signification. Or la signification ne se peut trouver qu'à un niveau supérieur de « complexité ». *Le bruit ne produit pas de l'ordre*, dit Atlan, *mais de la complexité.*

IV. — Le connexionnisme ou l'intelligence artificielle expressive

A la communication représentative correspondrait une intelligence artificielle très représentationnelle, à la communication expressive correspond une forme nouvelle d'intelligence artificielle : le connexionnisme.

1. Ces voies, Atlan les avait déjà explorées dans son livre *L'organisation biologique et la théorie de l'information, op. cit.* Ces recherches préparaient le troisième type, entre cristal et fumée.

2. Atlan, *Entre le cristal et la fumée*, Ed. du Seuil, 1979, p. 73.

Le connexionnisme, ou néo-connexionnisme, s'intéresse aussi au schéma auto-organisationnel, surtout dans la mesure où ce schéma — aussi désordonné qu'il soit — a critiqué la première cybernétique. Mais, par-delà la fracture opérée à partir de la cybernétique de premier ordre, il tente de renouer avec l'intelligence artificielle dont les résultats lui paraissent importants. C'est alors à un composé d'intelligence artificielle et d'auto-organisation qu'il se trouve confronté. Etrange affaire que celle-là, rendue possible par les acquis de systèmes experts et par le progrès des analyses en termes de réseaux[1].

La neurologie est convoquée alors qu'elle était restée en marge des travaux de l'intelligence artificielle.

Trait caractéristique : abandon des expériences uniquement formelles et essais de fabrication d'une génération d'ordinateurs d'un type nouveau. L'architecture neuronale de ces nouveaux ordinateurs va devenir la chose importante. Est-ce à dire que l'on va tout bonnement reporter la structure des neurones résifiés en termes d'éléments composant les machines ? Non.

Les expériences en ce sens ne sont pas porteuses[2]. Il s'agit plutôt de pousser plus avant l'étude des « nœuds » qui composent les centres de passage d'informations entre neurones, et d'inspecter ce qui s'y passe au niveau de la structure des processus.

Or ce passage est pensé en termes d'activation

1. Voir dans la revue *Byte* (avril 1985) les articles de Carl Hewitt (« The challenge of open systems »), de Michael F. Deering (« Architectures for A. I. ») de John Stevens (« Reverse engineering the brain »), de Jérôme A. Feldmann « Connections ») et du chef de file G. E. Hinton (« Learning in parallele networks »). Le document le plus fouillé et le plus documenté que nous puissions trouver sur la question, nous le devons à Françoise Fogelman-Soulié, *Le connexionnisme*, cours fait à Cognitiva, mai 1987.

2. Tel Fukushima cité par P. Livet, Cybernétique, auto-organisation et néo-connexionnisme, in *Cahier du CREA*, n° 8, « Généalogie de l'auto-organisation », novembre 1985.

globale du réseau, déterminant ses propriétés — c'est là une notion de la causalité « expressive », telle que nous l'avons définie plus haut —, et non en termes de causalités « successives et élémentaires », partie par partie.

Apport de l'auto-organisation ici, mais reformulé grâce à une théorie des « nœuds » du réseau : comment définir un algorithme local de modification des poids des connexions qui permette de changer une propriété globale du réseau ?

Mais apport aussi des ordinateurs montés en parallèle de l'intelligence artificielle classique. La possibilité de simuler des processus parallèles sur des machines séquentielles ayant tenu à l'accroissement de la vitesse et de la capacité de calcul de l'informatique. Le progrès technologique ainsi que les progrès de la neurobiologie sont constitutifs du néo-connexionnisme.

C'est dire que la théorie néo-connexionniste se situe entre un calcul logique et une réalité biologique. Les réseaux, par l'intermédiaire des nœuds (dont la charge peut varier), se comportent de manière quasi autonome, inventant leurs propres règles à mesure de la variation du poids des connexions. Distincts en cela des intelligences artificielles classiques, on ne leur fournit pas des représentations de règles à l'avance.

Ces réseaux sont a-représentationnels. Ils trouvent une stabilité à partir de leur constitution interne, confrontée aux inputs externes : ils se mettent à jour à des intervalles aléatoires et atteignent alors des états stables. Ces états forment pour l'ensemble du réseau des attracteurs puissants. Le holisme de l'ensemble est donc relativisé.

Pour le moment, les néo-connexionnistes travaillent à la frontière d'une simulation du vivant et d'une analyse de la complexité pour elle-même. D'une part, les informaticiens de l'intelligence artificielle classique y sont intéressés pour la construction d'ordinateurs connectés en parallèle et cherchent de nouvelles architectures fonctionnelles sans trop s'occuper de réinterpréter conceptuellement l'activité de connaissance. D'autre part, les néo-connexionnistes se dirigent vers une interprétation, en termes neuronoïdaux, des activités de calcul informatique, ce qui signifie que les nouveaux modèles ne sont pas foncièrement rebelles à une implantation dans le tissu nerveux.

Deux voies qui se frôlent, il faut l'avouer, assez dangereusement ! Du moins pour la tranquillité de nos esprits.

Car nous ne sommes plus très loin de la maladie mentale absolue qui consiste à confondre l'exprimer et le représenter et à prendre l'un pour l'autre. Maladie que j'ai nommée « tautisme » et qui sera décrite dans le chapitre III de ce petit livre.

Avec le connexionnisme, nous n'y sommes pas encore, mais quelques manipulations maladroites pourraient nous y conduire...

V. — Mass medias expressifs

Le destinataire détrône l'émetteur[1].

Les deux modèles de Barnlund et de Thayer présentent une rupture nette par rapport aux modèles représentatifs.

1. **Le modèle de Barnlund**[2]. — Le modèle de Barnlund est transactionnel, mais « orienté vers le des-

1. Voir Louis Marin, Pouvoir du récit et récit du pouvoir, in *Actes de la recherche en sciences sociales*, n° 25, 1979, p. 23 ; voir aussi Louis Quéré, *Des miroirs équivoques*, Aubier-Montaigne, 1982, p. 154.

2. A transactional model of communication, in *Fondations of communication theory, op. cit.*, p. 83.

tinataire »[1] Barnlund exprime clairement l'idée que le tout est dans le message, dans les mots non dits qu'il appelle, mais aussi dans toute l'atmosphère dans laquelle ces mots sont dits et écoutés : c'est cela, et tout cela la communication. La communication n'est donc ni une réaction ni une interaction, mais pleinement une transaction « dans laquelle l'homme invente et attribue des significations pour réaliser ses projets ». En somme, le sens est plus inventé que reçu.

2. **Le modèle de Thayer**[2]. — Thayer veut éviter de sur-rationaliser le rôle de l'émetteur. L'hypothèse d'un émetteur détenant un message qu'il veut intentionnellement transmettre n'est pas nécessaire à la communication. Il se peut qu'il y en ait un. Il se peut aussi qu'il y ait information sans intention d'un sujet émetteur. En revanche, le récepteur est indispensable à la communication, car il faut bien que quelqu'un écoute, voie, perçoive, interprète. La présence d'un émetteur n'est pas une exigence fondamentale de la communication. Celle d'un récepteur, oui[3].

Car la compréhension du récepteur va bien au-delà du pur contenu du message de l'émetteur. Il doit souvent prendre en compte ce qu'il perçoit de l'intention de l'émetteur (ou de son absence d'intention), la situation, l'histoire de ses rencontres avec l'émetteur, ses propres intentions, les conséquences prévisibles de sa compréhension et/ou son accord

1. Ravault, *op. cit.*, p. 200.
2. *Communication and communication systems*, Honewood 1 11, Richard D. Irwin, 1968.
3. *Op. cit.*, p. 122.

avec ce qu'il perçoit de ce que l'émetteur dit, etc.[1]. Le récepteur est, dit Thayer, « *de facto* créateur de tout message »[2].

Le bruit extérieur que font les médias se réorganise en forme de messages à l'intérieur de la pensée du récepteur. Quant aux médias, ils jouent un rôle de déclic, de déclencheur identique au rôle joué par les déclencheurs dans la biologie autopoïetique de Maturana et Varela : nous ne recevons que de simples intensités lumineuses que nous reconstruisons dans notre cerveau en formes, couleurs et objets.

3. **Facteurs socioculturels.** — Aujourd'hui, Katz, Liebes et une équipe travaillent sur l'effet mondial du feuilleton télévisé *Dallas*, continent par continent.

Comment tel événement ou telle fiction font-ils sens dans une culture donnée ? Telle est la question à laquelle veut répondre l'enquête. L'objet *Dallas* est bien choisi, car chacun peut s'investir dans l'histoire d'une famille en discutant les rôles respectifs des personnages, en cherchant à faire partager l'information à ceux qui n'ont pas vu le dernier épisode. On s'aperçoit alors que la perception de *Dallas* change selon les groupes. Les Arabes peuvent être « désinformés », nous dit Katz, car ils inventent que Sue Ellen a quitté son mari pour rejoindre son père. Ils ne supposent pas un instant qu'une fille vive seule, sans protection d'un mâle. Chacun interprète sa famille et sa vie à l'aide du feuilleton : *Dallas* analyseur.

Un Kibboutznik regarde *Dallas* et apprécie sa vie, meilleure que celle de la famille Ewing dominée par l'argent. « Heureux est notre destin d'être juif », disent

1. *Op. cit.*, p. 123
2. *Op. cit.*, p. 123.

d'autres, tandis que d'autres encore approuvent, car la richesse rend la vie facile et « chacun veut être riche ». Ici encore le récepteur invente sa perception à sa façon.

4. **La coer-séduction de Ravault.** — Dans le droit fil de cette enquête sur *Dallas*, on peut citer aussi les analyses de Ravault[1].

Certains pays sous-développés reçoivent un flux de cultures étrangères, en particulier américaines. Mais leurs groupes culturels dirigeants retournent le message empoisonné. Mowlana a montré, à propos de l'Iran, que les révolutionnaires comptaient sur les réseaux traditionnels, tels que les « bazars et mosquées »[2], car l'image de l'impérialisme, de sa sexualité révoltante était interprétée en ces lieux. On regardait beaucoup la télévision déjà du temps du shah. Mais, jour après jour, les images étrangères fournissaient de nouvelles armes aux rebelles. Tandis que le shah, qui apparaissait trop fréquemment sur les écrans, se voyait dépouiller de son mystère de droit divin. Tandis que son image moderniste, associée au modernisme délétère de l'Occident, se dégradait cruellement.

Tout cela s'explique, nous dit Ravault, par la puissance des réseaux de « coer-séduction », faits de coercition et de séduction. Ce sont eux qui prennent en main le second message qui devient levier de combat. Ravault renforce ici le *second step* de la communication qui domine le premier[3].

1. Dans sa thèse précitée, mais aussi dans *Défense de l'identité culturelle par les réseaux traditionnels de coer-séduction*, acte de la IVe Conférence internationale pour l'identité culturelle organisée par l'Institut France-Monde, à Dakar, les 15, 16 et 17 mai 1985.

2. Mowlana Hamid, Technology versus tradition, in *Journal of communication* , t. XXIX, été 1979, n° 3, p. 107.

3. Voir chapitre I, V de ce livre.

5. **L'acculturation selon Gerbner.** — Pour l'analyse de Gerbner le destinataire n'est pas neutre non plus : il a sa part dans la communication médiatique, mais à la condition expresse qu'il exerce sa critique sur le « système » des messages. Il y a bien une possibilité d'interprétation critique de la part du destinataire, mais seulement s'il prend conscience non d'un message isolé mais de l'ensemble des constructions fictives qu'offrent les programmes télévisés.

C'est leur structure — « répétitive, continue » —, le flot, le *main-stream* des communications qui l'emporte sur la teneur de tel ou tel message. Nous sommes emportés malgré nous dans un tel flux d'informations diverses que même si nous pouvons critiquer l'une ou l'autre des émissions ou des programmes de manière ponctuelle nous sommes cependant plongés dans un « monde » entièrement fabriqué par et pour les grands intérêts économiques des trusts de communication.

Ainsi le monde dont nous parlent et que nous montrent les programmes est-il un monde illusoire, fait pour plaire au plus grand nombre, et qui n'a que peu de rapports avec la réalité sociale et politique.

Quel est l'impact de cette vision structurée du monde quand elle se répète à longueur de journée pour les *heavy viewers* ? Gerbner démontre que ceux-ci — ceux qui voient le plus la télévision — ont tendance à se conformer à ce monde la télévision qu'ils croient réel[1]. Ils se comporteront en victimes, deviendront aisément manipulables, normalisés, ce sont ceux qui seront les plus répressifs contre tous les

1. Television as new religion, *New Catholic World*, 1978, et *The mainstreaming of America : Violence*, n° 11 (*Journal of communication*, 1980, vol. 30, 3).

marginaux, réclameront des châtiments sévères pour les rebelles de tous ordres[1].

Car la violence montrée dans tous les programmes ne produit pas directement de la violence mais au contraire une insécurité, un malaise et, par là même, un repli vers les valeurs les plus conservatrices de la société.

La construction illusoire produite par les médias a un effet-retour sur le réel, qu'elle reconstruit suivant ses lois fictives. Le récepteur en ce cas est bien « actif » : il reconstruit bien une réalité, mais c'est une réalité seconde, directement puisée dans les contenus du « système de messages ».

Reste alors à critiquer, à exercer une surveillance particulière en confrontant scientifiquement cette réalité seconde aux faits. Seule voie d'accès à la désaliénation : la critique.

VI. — La communication expressive dans la science nouvelle des organisations

On peut ici utilement consulter, voire explorer de façon systématique le *Handbook of organizational communication*[2].

Dans ce *Handbook*, on compte de très nombreuses contributions à une théorie organismique des organisations et l'on use avec abondance de la métaphore de l'organisme.

Mais, faute de place, on préfère ici concentrer l'attention sur les efforts d'un grand ancêtre de ce type de théories : Martin Landau, toujours professeur à Berkeley.

1. Cultural indicators : the third voice, in *Communications : technology and social policy : understanding the new cultural revolution*, Larry P. Gross and William H. Melody (eds), John Wiley & Sons, 1973.

2. Par F. Jablin, L. Putman, K. Roberts et L. Porter, Sage, 1987.

Martin Landau ou la complexité du 747. — On rappelle ici les provocations de Landau par lesquelles avait débuté *Critique de la communication*[1].

« Savez-vous pourquoi le 747 est l'avion le plus fiable du monde ? C'est que ses quatre systèmes de commandes et de régulation — un pour chaque moteur — sont indépendants les uns des autres. Et qu'en plus, le pilote dispose d'un système de régulation manuel, indépendant des quatre précédents. »

Mais par-delà l'image, les analyses de Landau sont classiques et anciennes.

En 1969, il publie un article intitulé « Redundancy, rationality and the problem of duplication and overlap » (« Redondance, rationalité et le problème de la répétition et du chevauchement »). La redondance est souvent vue comme un excès.

Pourtant l'usage de la redondance est très fréquent. Parce que, nous dit Landau, l'incertitude même où je suis de ma propre pensée, l'incertitude où je suis encore de tenter de la traduire pour les autres me pousse à répéter, à user de plus de mots qu'il n'en faut et en des arrangements grammaticaux plus nombreux qu'il ne serait nécessaire. Car si une communication était marquée réellement par une redondance nulle, je ne pourrais jamais découvrir aucune erreur.

Ceci permet de juger à leur aune les efforts administratifs massifs de réduction des redondances : ils ne réussissent jamais. Aussitôt qu'une instance est supprimée, ou seulement laissée de côté, une autre instance naît : chevauchements, imbrications et institutions en surimpression prolifèrent[2]. Et ce d'autant plus que des compromis sont nécessaires entre experts et

1. Le Seuil, 1988, 2e éd., 1990, p. 11 et s.
2. Voir aussi dans ce sens Lucien Sfez, *L'administration prospective*, 2e partie, A. Colin, 1970.

politiques, entre la vérité des uns et celle des autres. Le tout s'enroule alors interminablement en une série de chaînes fins-moyens, parfaitement redondantes. Quelles sont donc les fonctions latentes de la redondance ? Elle tend à supprimer l'erreur et à assurer la plus haute fiabilité.

La transmission d'informations est un *business* très risqué, nous dit Landau. Un bon moyen réside dans le contrôle de l'information par le centre. Certes, mais cela reporte le problème. Car la fiabilité d'un système est la fiabilité de chacune des parties de ce système. Comment le centre va-t-il contrôler la fiabilité de chaque partie ? D'autant qu'une erreur minime dans un sous-système peut, en s'élargissant aux autres, entraîner des dégâts considérables. Le seul moyen finalement, c'est la redondance, nous dit von Neumann[1]. Dans une organisation, la probabilité d'un échec diminue géométriquement au fur et à mesure que la redondance s'accroît arithmétiquement. Mais attention, pour qu'une partie du système n'entraîne pas les autres dans ses erreurs, il faut séparer ses parties. Redondances, oui, mais non interconnectées. Sans quoi elles deviennent dangereuses : ainsi du 747 et de ses cinq commandes hydrauliques redondantes mais autonomes. Ainsi s'expliquent aussi tous les chevauchements, analogues à la richesse des réseaux neuronaux en surimpression, en notant que chaque série n'est que partiellement redondante, car elle sert effectivement des fonctions un peu différentes.

Equipotentialité. Un 747 ne peut-il normalement

1. Dans « Probabilistic Logics and the synthess of reliable Organizations from unreliable components », *in* Shannon and Mac Carthy (eds), *Automata studies*, Princeton University Press, 1956 ; voir aussi Shannon et Weaver, *The mathematical theory of communication*, University of Illinois Press, 1949.

fonctionner sur trois moteurs et assurer encore un transport sans danger avec deux ?

Redondances institutionnelles. — En somme, toutes les instances redondantes permettent des réajustements : ainsi de la constitution américaine qui prévoit de multiples instances dont la compétence porte souvent sur les mêmes objets, ce que Madison dans *Le Fédéraliste* appelait les précautions auxiliaires. C'est qu'il faut assurer une grande souplesse de fonctionnement, en tenant compte des changements incessants de buts et de contexte. Grâce aux redondances de lois, de pouvoirs, de systèmes de commandement, le tout est plus fiable que chacune des parties, à l'instar des systèmes vivants auto-organisés. Et ce, par deux moyens qui se rajoutent : une redondance de premier ordre qui est celle de la répétition, une redondance de deuxième ordre qui est celle des parties « équipotentielles », capables de faire ceci et cela en même temps. Landau y insiste : il s'agit d'une stratégie du bord de l'abîme *(brinkmanship)*. Quand un circuit ne marche pas, un autre le remplace, ou espère pouvoir agir ainsi si d'autres erreurs n'apparaissent pas.

Loin d'être un signe d'inefficacité, la redondance permet alors, au contraire, de réduire les erreurs et d'ouvrir à de nouvelles alternatives.

Ainsi s'expliquent les balancements incessants de la centralisation à la décentralisation et l'équilibre toujours instable des deux pôles au sein des organisations[1]. Les décentralisateurs recentralisent souvent, à leur insu, pour mieux décentraliser, paraît-il. Plus un système est développé (complexe), plus il est

1. Déjà Chester Barnard dans *The functions of executive* (Harvard, 1938) avait parlé de cet équilibre délicat entre éléments formels et informels dans les organisations.

centralisé. Plus il est centralisé, plus il est sourd aux bruits périphériques. Plus il sourd à ces bruits, plus il est soumis à des pannes et donc sujet à des changements de caps brutaux vers la décentralisation.

A la limite, la hiérarchie ne peut rien apprendre car on ne peut apprendre qu'expérimentalement, en faisant *(learning by doing)*. On fait alors appel aux forces auto-organisées, autodéterminées, autocoordonnées de la périphérie. Mais ici encore un problème : l'excès de spécialisation des experts, à vision partielle, qui entrent en conflit avec les autorités généralistes. Landau appelle cela « conflit entre autorités d'expertise et autorités (juridiquement) compétentes ». L'autorité de la compétence est toujours facteur de désordre. D'où des circuits informels et des équilibres instables entre les deux puissances[1]. Nécessaire redondance. Redondance qui atténue les niveaux de conflits et même augmente la productivité.

Quelles que soient les critiques qu'on peut adresser à Landau, on doit reconnaître la nouveauté et l'intérêt de son système de lecture. Même s'ils sont référés à des auteurs déjà anciens, les thèmes de l'auto-organisation sont déjà là et opératoires. Ils fournissent une grille de déchiffrement peu traditionnelle des rapports entre centre et périphérie dans l'administration.

Conclusion du chapitre II : expression, seconde définition de la communication

Il n'y a plus, ici, d'envoi par un sujet émetteur d'un message calculable à un objet récepteur. La communication est insertion d'un sujet complexe dans un environnement lui-même complexe. Le sujet fait partie

1. Voir Lucien Sfez, *Critique de la décision, op. cit.*, 2ᵉ partie.

de l'environnement, et l'environnement fait partie du sujet. Causalité circulaire. Idée paradoxale que la partie est dans un tout qui est partie de la partie. Le sujet demeure, mais il a épousé le monde. Couple sujet/monde, où les deux partenaires n'ont pas totalement perdu l'identité, mais pratiquent des échanges incessants. La réalité du monde n'est plus objective, mais fait partie de moi-même. Elle existe... en moi. J'existe... en elle. Plus besoin ici de la représentation et de ses limites. Appel à l'expression sur le mode spinoziste. J'exprime le monde qui m'exprime. Le sujet global, c'est le monde naturel. Mais l'individu n'a pas perdu ses droits : il doit, comme dans le schéma spinoziste, faire le bon énoncé, se situer justement dans le monde pour susciter de bonnes rencontres avec lui. Position moniste qui postule la juste place de l'individu dans le concert de l'univers. Totalité, mais totalité à hiérarchies.

CHAPITRE III

LA COMMUNICATION CONFONDANTE

Longtemps la communication représentative a exercé ses droits, de façon dominante, tempérée en mineur, lorsque ses excès l'affaiblissaient, par la communication expressive. Un peu de fête, de communauté en fusion venaient atténuer la froideur du légalisme bureaucratique, national et abstraitement patriote.

C'est cette combinaison pragmatiquement dosée qu'on avait appelée « politique symbolique » dans *L'enfer et le paradis*[1] et « gestion traditionnelle de la communication » dans *Critique de la communication*[2].

Or, cette politique symbolique s'est effondrée, cette gestion traditionnelle s'est aujourd'hui délitée. Le pire est arrivé, l'inouï, l'inconcevable. Loin de se compenser l'un l'autre, le représentatif et l'expressif tendent à s'identifier l'un à l'autre. On prend le représenter pour l'exprimer et l'exprimer pour le représenter : communication confondante. Maladie de la confusion que je nomme « tautisme ». Le tautisme (I) et ses manifestations dans les mass medias confondants (II), dans la thérapie MAO (III), en publicité, marketing et sondages (IV), dans les technologies de l'esprit et en

1. Lucien Sfez, 2e éd., sous le titre, *La politique symbolique*, PUF, 1993.
2. Lucien Sfez, Le Seuil, 1988, 2e éd., 1990, 3e éd., 1992.

science cognitive (V) et sa place dans la République ordinatique (VI), constitueront les développements de ce chapitre.

I. — Le tautisme : notion et pratiques

1. **Le tautisme : première apparition.** — Le tautisme, c'est la confusion des deux genres. On croit être dans l'expression immédiate, spontanée, là où règne en maîtresse la représentation. Délire. Je crois exprimer le monde, ce monde de machines qui me représentent et qui en fait s'expriment à ma place. Circularité et inversion : les mises en scène télévisées, je me les approprie comme miennes. J'ai l'illusion d'y être, d'en être, alors qu'il n'y a que découpages et choix préalables à mon regard. A tel point que je finis par prêter à la machine sociale, télévisuelle ou informatique, mes propres facultés. Les lui ayant déléguées, elles me reviennent comme si leur origine était ailleurs, dans le ciel technologique. Un peu sur le mode du retournement feuerbachien où Dieu, créé par l'homme, s'impose à lui comme son producteur.

On prend les réalités de deuxième degré formées par les émetteurs ou les réalités de troisième degré formées par les récepteurs pour une seule et même réalité, de premier degré, qui se confond avec les données brutes. Comme s'il y avait des données brutes, comme si la chaîne des intermédiaires, qui ont extrait l'information, produit son cadre, sa mise en œuvre jusqu'au récepteur, était brusquement supprimée. Comme si le récepteur lui-même n'était qu'une éponge absorbante qui accepte tel quel le signal électrique transmis. Totalitarisme du tautisme. Folie muette de la dénégation du réel. Visée totalisante et enfermement circulaire décrits par Baudrillard qui y contribue à son insu.

Tautisme : c'est la contraction de deux termes, autisme et tautologie. Autisme, maladie de l'auto-enfermement où l'individu n'éprouve pas le besoin de communiquer sa pensée à autrui ni de se conformer à celle des autres et dont les seuls intérêts sont ceux de la satisfaction organique ou ludique[1].

Tautologie : Est dite tautologique toute proposition identique dont le sujet et le prédicat sont un seul et même concept[2] ou encore, suivant Wittgenstein, toute proposition complexe qui reste vraie en vertu de sa forme seule, quelle que soit la valeur de vérité des propositions qui la composent. Le tautisme, c'est un autisme tautologique.

Tautisme évoque encore totalité. Un grand tout qui nous englobe et dans lequel nous sommes dilués. La poisse. Tautisme ou autisme tautologique du grand tout qui ne souffre aucun fragment en son sein, serait-il soumis à une hiérarchie. Cela, le tautisme ne le veut pas.

2. **Tautisme : manifestations pratiques.** — Dans la vie pratique, que dire de la situation de l'enfant américain devant la télévision allumée sept heures par jour, qui, en même temps, téléphone cinq heures par jour et pianote sur son ordinateur durant de bons moments ? Il fait ses devoirs seul ou avec ses amis au téléphone, ou en usant de l'ordinateur, tout en regardant sans regarder, entendant sans entendre la télévision. Quelle vision de la réalité se construit-il alors, sinon celle d'une réalité éloignée comme le dieu caché de Goldman, fragmentée et fluente, imaginaire ? Nous ne vivons pas encore cela en Europe, mais les cent mille ordinateurs de Laurent Fabius dans les écoles ou les pratiques italiennes qui

1. C'est le cas des virtuoses obsessifs de l'ordinateur, appelés aux Etats-Unis, *hackers*.

2. Carnap, Die mete und die mene logik, VIII, in *Erkenntnis*, 1930, E. I, p. 2.

consistent à brancher dans une même pièce plusieurs télévisions en même temps indiquent que nous prenons ce chemin : des images, images éclatées et différentes, toujours relayées par la machine, arrivent de partout, et les messages s'annulent pour ne laisser subsister que la rumeur. La tentation est grande alors de s'identifier à cette rumeur, de se laisser investir par elle, jusqu'à ne former qu'un avec elle, jusqu'au mutisme.

Tautisme dont nous verrons plus loin les manifestations dans la science cognitive, dont l'école de Vienne avait prophétisé la structure, en annonçant que toutes les propositions de la logique et des mathématiques présentent le caractère d'être formelles, ne nous apprennent rien sur la réalité et, par là, méritent le qualificatif de tautologiques[1]. La science cognitive, ou science tautologique. Science tautistique du tautisme.

Les fanatiques de l'ordinateur nommés *hackers* et les enfants, dans la pratique concrète comme dans l'imaginaire qui s'en empare ? Ne pourrait-on parler de cure ordinatique, venant relayer la cure analytique ? Le « second self », que décrit S. Turckle avec ironie et précision, semble s'installer dans notre intimité.

Cette cure, que suivent des milliers d'humains très ordinaires, trouve alors son apogée et comme sa consécration au suprême niveau : d'élégants cerveaux en propagent la religion et en suivent les rites diurnes et nocturnes au dernier étage du MIT, d'où ils ensemencent le tout-venant...

Même en un domaine tel que la thérapie analytique, quand il s'agit de patient, de souffrance et de cure, le mouvement tautistique se saisit de la parole guérisseuse pour l'entraîner dans le vertige. Nous en jugerons sur pièce avec la *quick therapy*, cette curieuse pratique d'outre-Atlantique, dont nous suivrons les détours avec

1. Lalande, *Vocabulaire de philosophie*, p. 1103.

B. Shaw et W. Erhard, et que je qualifie de « thérapie Frankenstein », ou « thérapie Mao ».

Les pratiques « médiatiques », par lesquelles, tous autant que nous sommes, nous nous informons des événements du monde où nous sommes plongés, n'échappent guère à ce recouvrement du représenter et de l'exprimer, qui, en se superposant, nous livre à la confusion de l'émetteur et du récepteur sans que nous ne puissions plus trouver aucune source de réel en dehors du circuit bouclé des messages qui se renvoient les uns aux autres. Frankenstein intervient aussi dans les mass medias : le tautisme est présent dans le lieu où il semblerait qu'il y a moins de mutisme. C'est que, à trop parler, plus rien ne se dit, et la prolixité, comme il en est du psittacisme, induit la répétition vide, le tautologisme. Toute parole y a le même poids d'irréalité. En mass media, marketing ou pratique généralisé des sondages.

II. — Mass medias confondants

On analysera ici successivement la communication télévisuelle (1) et la boucle de Baudrillard (2).

1. **La communication télévisuelle.** — Il semble que nous soyons parvenus à un point curieux et même inédit dans l'histoire de nos civilisations, en ce point limite où le spectacle qui se donne à voir, et qui suppose une distance entre le spectateur et la scène, nous inclut dans la scène même et nous pousse à croire en cette inclusion. Nous savons bien, pourtant, que seule l'électronique et des dispositifs complexes nous relient à l'émetteur lointain. Mais la distance géographique et les intermédiaires technologiques, loin de donner un sentiment d'artifice, offrent le visage d'une spontanéité naturelle.

Lors du voyage du pape en Pologne, une foule en délire se libérait de ses peurs au contact physique de sa soutane. Le voyage pontifical fut télédiffusé dans tous les pays du monde. Les familles réunies autour du poste ont communié à l'envie. Mais s'agissait-il vraiment de la même communion ? Celle des Polonais *in situ* était réelle, en présence : l'Armée Rouge n'est pas loin, et la police toute proche dans un cercle de faim, de privations et de menaces. Celle des téléspectateurs était seulement spectaculaire, en imagination. Parler ici de communion supposerait que le découpage de l'image ne tue pas l'imagination et que le commentaire du journaliste ne façonne pas la pensée. Ce ne sont pas là minces postulats.

2. **La boucle de Baudrillard.** — La boucle est ici achevée : à force d'insister sur les capacités inventives du récepteur, on frôle (Barnlund-Thayer), puis on finit par pénétrer dans la société hors l'histoire, ou société du simulacre généralisée de Baudrillard. Barnlund et Thayer — tout comme Gerbner — s'arrêtent net à l'entrée de l'édifice : il existe encore pour eux des *event data* à négocier. Il n'y en a plus ici.

Nous sommes entrés, sans pouvoir en sortir, dans une communication organique, une autofabrication des données extérieures, une autopoïesis individuelle et de groupe, mais sans le déclic d'une réalité extérieure qui la déclencherait. La communication se déploie à travers un réseau tournant et sans fin (comme sans but), élargissant son champ à chaque tour dans un procès tautologique[1].

Ce qui est vrai de la communication elle-même l'est aussi des recherches sur la communication médiatique : les analyses théoriques se déploient en cercles ouverts les uns sur les autres. Parties d'une vision linéaire et objectivante, elles culminent, sans s'y achever, dans l'élargissement du champ lui-même, aux disciplines les

1. Jusqu'à une véritable *Esthétique de la disparition*. Voir, sous ce titre, le livre de Paul Virilio, Balland, 1980.

plus variées. Englobant ainsi la question de l'objet et du sujet dans une dissolution progressive.

Le contexte occupe alors une place primordiale en tant qu'il apparaît indissociable du récepteur. C'est désormais le récepteur contexte qui reçoit — crée les sens des messages qui occurent.

On est ici au dernier tour de l'hélice.

La communication organise le corps du récepteur et le structure comme sujet second d'une réalité seconde. Ce n'est plus le sujet classique, c'est un *support médié*. Toutes les disciplines sont appelées à l'aide, puisque l'environnement et le sujet sont confondus.

En dernière instance, c'est l'interaction des différents messages reçus et leur entrelacement complexe qui définit l'usage possible du message. La boucle est bouclée. La réalité de la communication et celle des influences possibles que peut avoir un message se mesurent toutes deux à l'état global de la communication à un moment donné, toujours transitoire (flux perpétuel). C'est dire que la réalité de la communication ne peut se définir si l'on considère le message en soi, indépendamment de l'ensemble. Le procès de la communication ne prend en compte que le simple va-et-vient d'un dialogue sans personnage. Ne prend en compte que lui-même, c'est-à-dire la communication dans son propre objet. Tautologie.

Examinons de plus près, à travers notre catégorie de tautisme, la position de Baudrillard, où la réalité renvoie à la fiction et où la fiction est réalité même[1].

Le pape, les Polonais et les simulacres.

Reprenons l'exemple du pape et des Polonais.

Dans les grandes cérémonies travaillées par Katz et

1. *Simulacres et simulation*, Galilée, 1981 ; *Les stratégies fatales*, Grasset, 1983.

Dayan, il y a bien représentation et même une double représentation, celle qui est donnée immédiatement sur le terrain par des Polonais enfermés recevant leur pape polonais salvateur, celle que nous recevons sur nos écrans en famille, nouvel espace public, nous dit Dayan. La première représentation est d'ordre théâtral, là où les spectateurs situés et souffrants participent activement de la dramaturgie et purgent leurs passions comme dans toute dramaturgie. Ici, la représentation n'est pas prise comme expression. Elle permet l'expression du public par la séparation même, représentant-représenté, qu'elle implique. Santé ou retour à la santé par la purgation des passions. La seconde représentation est celle que nous recevons sur nos écrans.

Le spectateur croit maîtriser le monde en représentation en *s'exprimant* en famille[1]. Il n'est jamais qu'un élément recevant des ondes lumineuses qu'il prend pour la réalité même. Baudrillard parle alors de sidération : il en devient muet, quasi autistique et, à partir de là, il ne peut plus rien nous dire. Chacun dans sa boîte, c'est-à-dire dans sa maison, croit entrer en contact simultané, immédiat avec tous les autres, dans un grand tout synchrone, écosystémique, voire auto- gestionnaire. Mais tous n'entrent en contact qu'avec eux-mêmes. Autisme tautologique par lequel on répète interminablement la même cérémonie abstraite. Au- tisme totalisant par lequel nous sommes dilués dans l'absolu du monde, faute de nous être séparés de lui pour le comprendre. Mais si le simulacre est un des avenirs qui nous attendent, il s'en faut de beaucoup encore pour que ce schéma un peu fou fonctionne effectivement.

1. Voir Daniel Dayan et Elihu Katz, *La télévision cérémonielle,* PUF, 1996. Ce livre est la traduction de *Media Events,* Harvard University Press, 1992.

Les théories les plus avancées ont beau jouer de la prospective et de la fiction, elles sont elles-mêmes prises dans ce qu'elles énoncent. Si la réalité est devenue une notion sans contenu réel, si le message n'a plus de sens, s'il n'y a plus de frontières entre le dehors et le dedans, si l'expression elle-même devient une construction creuse puisqu'elle ne peut que se répéter indéfiniment comme son même, sans différences, alors le message de ces prophètes est à traiter de la même manière. Ils n'ont pas plus de réalité ni de poids pour dire ce qui se passe que n'en a aucun des autres messages qui diraient le contraire... Puisqu'ils ne diraient rien...

On peut en écrire tout autant de la thérapie Mao qui va suivre ou des théories et pratiques de la publicité, du marketing et des sondages.

III. — **La thérapie Mao**

Il s'agit ici spécifiquement de Werner Ehrard, père fondateur du dispositif d'ensemble.

Là où Watzlawick s'occupait de l'individu souffrant dans sa famille ou son travail, Werner Ehrard entend, lui, embrasser le monde. Nous voilà loin des pratiques batesoniennes et de la lettre aux régents de l'Université de Californie[1]. La morale est collective : « Travaillons pour le monde qui travaille pour nous. Dans ce pays, il n'y a pas de projet national. Vingt enfants meurent par minute pendant que vous parlez. Que chacun conserve ses croyances. Il faut seulement les approfondir. Soyez plus encore ce que vous êtes, afin de ne plus réagir de façon mécanique. Créer un contexte pour soi, c'est le créer pour tous. » « C'est une vision communiste *(applaudissements enthousiastes et prolongés)* que celle

1. Célèbre lettre de Bateson en annexe de *La nature et l'esprit*, Ed. du Seuil, 1984.

de faire le bonheur de l'humanité dans son travail propre, le plus humble soit-il. »[1] « Créons à partir de rien, de nulle part et de partout, créons de nouveaux espaces sans signification ni contenu. Soyons des *context creators*. Créons notre *self*. C'est cela, "distinguer". Créer c'est faire des distinctions et, pour ce, commencer par se distinguer soi-même. Les droits de l'homme, comme la théorie de la relativité, ont été créés à partir de rien. Il ne faut pas expliquer, il faut générer. »[2] « Cela donne d'incomparables plaisirs, sources d'innombrables joies : changer sa vie. »[3] « Aimons alors et admirons autrui sans réciprocité, même s'il ne nous aime pas. Aimons nos enfants, même en ce que nous n'aimons pas en eux. Les choses sont comme elles sont. Elles sont parfaites en elles-mêmes. »[4]

On peut se faire ici une idée de la traduction des thèmes batesoniens en objets de thérapie de masse. La critique du Watergate comme corruption nationale, l'absence de projet collectif, le renversement des valeurs existantes, leur remplacement par *d'autres valeurs qui sont l'approfondissement authentique des anciennes* : voilà qui constitue pour nous un premier objet de réflexion. Le Hunger Project en est l'illustration la plus évidente.

Le Hunger Project.

15 novembre 1984 : un journal de seize pages du *Hunger Project*[5]. Première page barrée en capitales, un titre en rouge : « *I commit myself... the end of hunger and starvation by the end of the century.* » Trois millions

1. *A world that works for everyone* (bande magnétique, production Michel Portis, 1980).
2. *Creation : a matter of distinction* (*ibid.*, 1982).
3. *Celebrating your relation-ships* (*ibid.*, 1979).
4. *Relation-ships making them work* (*ibid.*, 1980).
5. Daté de septembre 1984.

d'adhérents, dont deux aux Etats-Unis, prennent cet engagement solennel *(commitment)* du soi *(self)*. C'est affaire de volonté, de *will*. « Les "engagés" découvrent comment faire une différence dans des voies en rapport avec les circonstances et leurs responsabilités... Les petites actions de chacun génèrent un climat... un environnement dans lequel le travail à faire est généré et accéléré... Ce sont ces actions qui conduisent à un changement d'époque dans l'histoire du monde. »[1] Rien que cela... L'éditorial n'est pas signé. La doctrine d'Ehrard est devenue doctrine officielle du mouvement.

Tous les thèmes d'Ehrard défilent impeccablement : la vision d'une solidarité globale, la création du contexte par le « soi » qui devient *mastery* (maîtrise, qui n'est pas la force, mais la puissance), jusqu'à la prophétie du tapis qui peut un jour voler à la condition de changer sa mentalité de tapis. Les mânes de J. F. Kennedy sont invoqués : « Cela peut être fait. »[2]

On a compris : la révolution mondiale est en marche. Sa base : San Francisco. Sa doctrine : la thérapie contextuelle. Son prophète : Ehrard. Le modèle du monde n'est plus seulement dans les technologies de la Silicon Valley. Il est dans l'esprit historique à nouveau incarné.

La brochure Mao.

Il s'agit d'une petite brochure, de type Mao, rédigée par Ehrard et diffusée à un million d'exemplaires. Faisons table rase. Il n'y a pas de signification cachée. Ce qui est est. Vous êtes dieu (*god*, toujours avec un petit g, sauf lorsqu'il s'agit de Dieu). Il suffit d'y croire. Mélange extravagant de Bible, de Nietzsche et de Palo Alto combinés en un œcuménisme où tout un chacun est dieu.

1. *Ibid.*, éditorial.
2. Formule célèbre du président disparu.

Suivent alors les aphorismes ehrardiens. Table rase : « On crée à partir de rien » (p. 15). « La vie est un jeu dans lequel ce qui n'est pas est plus important que ce qui est » (p. 16). « Ce qui est est, il n'y a pas de signification cachée » (p. 17). « Comme vous pouvez le voir, l'univers est parfait. Vous êtes dieu dans votre univers. » « Vous le produisez » (p. 13).

La parabole d'Abraham et de Jacob est présente : « Si Dieu[1] vous dit exactement ce que vous devez faire, vous devez être heureux de le faire, peu importe ce que c'est (...). Soyez heureux » (p. 21). « L'essence de la communication est intention » (p. 18). « Le bonheur consiste à accepter ce qui est. L'amour est une fonction de communication. La santé est une fonction de participation. L'expression de soi est une fonction de responsabilité » (p. 10). Etre d'accord avec soi-même sur le chemin qu'on a pris est donc le *bien* (p. 12, 14 et 15) puisque vous, dieu de votre univers, correspondez au Dieu qui commande (p. 13) : c'est cela, la maîtrise. Une sorte de « Devenez ce que vous êtes » (p. 7 et 12). Ainsi « vous faites la loi » (p. 12, 13, 14 et 17).

IV. — Publicité

L' « information » communiquée par le système de la publicité occupe une place si importante dans la vie contemporaine que nous sommes aveuglés par l'évidence du phénomène et ne le « voyons » plus.

Inaugurée au XIXᵉ siècle par la réclame, la liaison de l'image et du discursif forme le noyau de ce que nous appelons maintenant la publicité. Et son développement du XIXᵉ jusqu'à nos jours, est marqué par des étapes ou configurations qui ont l'avantage d'offrir clairement, en les portant devant nos yeux, les caractéristiques des trois

1. *God* ici avec un grand G.

métaphores communicatives : machine, organisme, Frankenstein[1]. Je les décrirai de la manière suivante.

1. La réclame ou la communication-représentation (machine).
2. Le système des publicités ou l'expression publicitaire (organisme).
3. La médiation généralisée de la publicité ou la publicité tautistique (Frankenstein).

1. **La réclame ou l'objet représenté.** — L'objet, par exemple, une pilule pour le foie, est là, et il s'agit de la vendre. Elle, et pas autre chose. Pour cela il faut toucher, pense-t-on, la raison du client potentiel par un discours approprié, et la volonté (ou désir), par une image. Classiquement, le désir est lié à l'image, le discours à la raison. Ce principe qui vient des philosophies anciennes n'est pas discuté, il fait office d'*a priori*. En conjuguant donc les deux aspects — raison et désir — les industriels pensent doubler la capacité de persuader. Dans cette visée, le client est présent comme cible, l'objet comme source, et entre les deux se tisse la double ligne d'une argumentation descriptive et d'une image désirable. Eminemment rationaliste, ce dispositif met en œuvre le schéma représentatif : les parties du dispositif sont extérieures les unes aux autres et s'articulent comme les parties d'une machine. Elles enclenchent des mécanismes qui ont chacun leur fonction dans l'ensemble et l'ensemble est supposé fonctionner si le but est atteint. Soit, si les ventes de la pilule progressent. Moyen de transmission d'une intention de persuader pour un achat précis, la vente est conçue par les fabricants, car eux seuls savent décrire avec précision les caractéristiques de l'objet, connaissent leur clientèle, et enfin pensent

1. Voir l'Introduction.

connaître les ressorts de la psychologie. Mue par ce souci et dirigée vers le seul produit, la publicité-réclame est alors un « outil « assez fruste, qui *ignore les spécialisations.* Le même schéma sert pour les voitures, les robes, les médicaments et l'astrologie. Il est donc utilisé par des *non-professionnels.* N'importe qui peut vanter son produit, il n'y a pas de métier pour la publicité. Cette publicité-réclame n'a pas analysé *les conséquences économiques*, pour le marché des objets en réclame d'un *éparpillement des annonces* sur une multitude d'objets dépareillés. Ce dernier point — l'augmentation des réclames et leur construction semblable, produit une sorte de lassitude, dont tous les produits ressentent l'impact — et pas seulement tel ou tel, dont la réclame aurait moins marché. C'est donc qu'il y aurait « système des annonces » qui formerait un tout. Ce qui signifierait, entre autres, que tout objet introduit dans le système des publicités, profite de la réclame faite pour d'autres. Autrement dit, on commencera à renoncer au sacro-saint principe de la représentation qui consiste à fabriquer le double d'un objet défini pour l'offrir à la convoitise du public.

2. **L'expression publicitaire.** — En même temps que l'outil s'affine, il perd en qualité de représentation : l'information discursive (vraie ou mensongère, peu importe ici) cède devant l'image et son maniement. Un métier se crée, celui de fabricant d'images, de slogans (sorte d'illustration par le langage de la force de l'image : la parole illustre l'image), de logos. Il gagne en qualité de traduction, mais, surtout, il forme avec les objets qui sont pris en charge un système parallèle au « système des objets » qu'a bien décrit Baudrillard. Du même coup, plusieurs conséquences à la fois pratiques et théoriques :

A) Tous les objets sont liés par le *canal systémique* de la publicité. Une « pub » présentant une femme sur une plage, avec un parasol, des lunettes de soleil, un maillot de bain, de la crème à bronzer, « vend » n'importe quelle partie de cet outillage, même si elle affiche : « Allez aux Bahamas. »

B) C'est qu'ici chaque partie vaut pour l'ensemble et s'y substitue, c'est l'ensemble qui « fonctionne ». Allées et venues, boucles et nœuds, le système-pub *inclut le destinataire* dans son annonce, et non seulement lui avec ses propres désirs errant sur la surface des objets sans s'y fixer, mais encore ses différents doubles hypothétiques auxquels la pub permet de s'exprimer. Un tel, par exemple, refusera le farniente sur la plage, détestera la crème à bronzer, mais désirera la peau dorée de la femme, et rêvera d'îles inconnues et de bateaux, alors qu'il n'y en a pas sur l'image.

C) La publicité se dissout alors dans le système général de la consommation, dont elle adopte les lois dans un premier temps et qu'elle contribue bientôt à renforcer, puis à propulser. Voire, à fabriquer de toutes pièces. Nous sommes entrés dans le schéma de l'expression (celui du *creatura*).

L'organisme vit sa vie autonome. Chaque partie est le tout et le tout est présent dans chaque partie. Des uns aux autres, une irrigation réseautique : car nous sommes passés aussi de la ligne au réseau. Réseau de publicités enveloppant petit à petit tout ce qui existe. Les objets sont encore là comme référents extérieurs, mais deviennent de plus en plus évanescents ou présentent par rapport à la chose des distorsions de plus en plus marquées.

Ainsi :

— de la négation : « Cette voiture il ne faut surtout pas l'acheter, elle est trop chère. »

— de la dérision (de l'objet par le personnage et *vice versa)* : en bonnet de nuit un simili Louis de Funès mange le « bâton du berger », Alice Sapritch empoigne le Jex-Four avec des gants de soirée.
— de l'exotisme : une poële Tefal dans une île perdue, etc.

A force de figures en décalage, l'objet se perd dans un brouillard d'inexistence. Au vrai, de l'objet réel, il n'est nul besoin. Le nom de la chose joue avec une image qui ne lui ressemble pas, et qui n'entretient même plus de rapport « visible » avec le nom. On amorce ici l'entrée en tautisme, avec la troisième étape de la publicité, la totale déréalisation qu'elle exerce.

3. **La publicité est nominaliste, ou tautistique**[1].

A) *La publicité prouve la société de communication.* — Il s'agira moins de persuader à propos d'objets de consommation (déjà la *société dite de consommation* s'éloigne) que de persuader de l'existence d'une *société de communication* : la publicité règne sur le domaine qu'elle a elle-même constitué, puisqu'il s'agit de se vanter et de vendre un contenu vide de tout objet qui est *l'image d'un processus : celui par lequel la société se constitue et consiste par le lien communicatif.* Or ce lien, aucun moyen ne l'assure plus que la publicité. Car la publicité rend vivant et présent ce qui est commun à tous. Elle tisse les réseaux de la sensibilité, du goût, de la pensée : une identité. On peut voir à l'insu de tous se renverser le schéma jadis en usage. Au lieu que la publicité intervienne comme fiction dans le cours d'une réalité décrite, dans cette dernière étape, c'est la réalité qui prend place en tant que fiction dans le tissu narratif imagé de la publicité.

1. Voir « Avance sur image » (enquête sur l'image des Telecom), Rapport CREDAP 1990 par Anne Cauquelin et Lucien Sfez.

B) *La publicité prouve l'avenir.* — Autre fonctionnement : le tissu narratif de la « pub » est lui-même porté à un haut niveau d'abstraction : ici on quitte les rivages, même allusifs, à des objets techniques « pointus », et on vogue vers l'image désirable d'un avenir sans caractéristiques autres que d'être un avenir. La dernière campagne des télécommunications a lancé cet « avenir d'avance » dont elle se porte garante... comme n'importe lequel d'entre nous quand nous employons le futur pour parler de ce qui peut arriver. Car cet avenir elle le laisse singulièrement vide de tout contenu — vivant en cela la loi tautistique de la dernière étape — se contentant d'affirmer que l'avenir est « devant », ce dont on pourrait se douter... Le ciel traversé de nuages, vogue le bleu, couleur de la fidélité et des espaces sidéraux. Rien d'autre que l'affirmation réitérée que cet espace est signé : *signé télécommunications.* C'est la nature elle-même, ses éléments qui sont les référents mondiaux planétaires des entreprises elles-mêmes mondiales.

La signature donne l'existence. Sans les télécommunications, pas de ciel, pas d'avenir, pas de monde. Tels sont les trois « moments » de la publicité[1]. On pourrait en écrire tout autant du marketing et des sondages, qu'on ne développera pas ici, faute de place.

V. — Technologies de l'esprit et science cognitive[2]

On analysera ici successivement les technologies de l'esprit (1) et la ou les sciences cognitive(s) (2).

1. Pour illustrer ce troisième moment, voir Pascale Weil, *Communication oblige*, Ed. d'Organisation, 1990.

2. Voir Lucien Sfez, Le réseau : du concept initial aux technologies de l'esprit contemporaines, *Cahiers internationaux de sociologie*, vol. CVI, 1999 ; voir aussi Lucien Sfez, Les ambassadeurs d'Internet, *Le Monde diplomatique*, mars 1999.

1. **Les technologies de l'esprit.** — Nous assistons à une véritable révolution des anciennes techniques de pensée. Les théories de l'information et de la communication, les pratiques que l'empire de la communication exalte et provoque ont quelque peu bouleversé la raison habituelle. Ce ne sont plus les plans en deux parties des facultés de droit ou en trois des facultés des lettres qui nous gouvernent. Ils étaient les armes des gouvernants d'hier, ultimes avatars de la dogmatique médiévale, injustement décriée, qui permettait l'interprétation, le jeu entre les instances, un peu de liberté en somme[1]. Ces procédés canoniques sont remplacés aujourd'hui, dans les couches dirigeantes, par une « nouvelle » raison.

Nous pouvons énoncer ici un quadrilatère : réseau, paradoxe, simulation, interaction.

A) *Le réseau.* — Lié tout d'abord aux lieux du corps humain, le réseau, c'est celui des veines et de nerfs qui transportent le sang et les humeurs : des liquides nourriciers ou malfaisants. Leurs entrelacs, leur « lacis »[2] forment un « réseuil » qui est la substance même de la chair.

Elle sera reprise sous la forme d'une vision circulariste du monde et de ses enveloppes successives, vision d'un dedans organique s'autobouclant pour une reproduction elle-même « auto »[3].

Ce qu'il pourrait y avoir de difficile à saisir dans la notion d'une ligne ou de lignes qui ne sont pas linéaires, d'un vol qui ne serait pas survol, d'une finalité qui n'aurait pas de fin — autant de traits caractérisant les réseaux — « passe » aisément dans le public à l'aide de

1. Cette démonstration est celle de Legendre dans toute son œuvre.
2. Descartes, *Traité de l'homme*, Gallimard, coll. « La Pléiade ».
3. Anne Cauquelin, Concept pour un passage, in *Quaderni*, n° 3 ; voir aussi Pierre Musso, *Télécommunications et philosophie des réseaux*, PUF, 1997, et Daniel Parocchia, *Philosophie des réseaux*, PUF, 1993.

cette image du corps. Le monde de canaux, satellites, câbles, fibres optiques, messages télématiques, gestion à distance, embranchements possibles en tous sens, multifonction des transmetteurs (ce qu'on nomme improprement multimédias) ne déstabilise pas la conception du monde traditionnelle, dans la mesure où la référence au corps résiste dans son archaïsme aux innovations techniques.

Un tel concept est bien un concept de passage et acclimate les esprits à cette refonte des éléments traditionnels de la connaissance que sont la causalité et la linéarité, le déterminisme et la non-contradiction.

Il n'est pas étonnant de le voir circuler dans tous les milieux et désigner des situations aussi banales que la constitution d'un carnet d'adresses, un complexe de relations, une réunion filiale d'entreprises, la distribution de l'édition ou de l'essence, et jusqu'à la toile d'araignée de la mafia, tandis que, d'autre part, il sert de support à des constructions abstraites et audacieuses en logique mathématique.

Ainsi s'agit-il moins, avec la pensée du réseau, d'un chant de triomphe que d'un compromis, remède aux angoisses du monde contemporain concernant la marche des événements ou des actions, la responsabilité de tel ou tel dans une entreprise. Si le réseau n'avait pas pour fonds originel cette attache au corps et à l'arbre, nul doute que la mise en cause des « sources » et des « fins » par la circularité des canaux multibranchés poserait des problèmes ontologiques et de l'ordre de la morale, sans fond...

B) *Le « et » du paradoxe*. — Comme le précise Yves Barel[1], toute forme, qu'elle soit sociale ou biologique, naturelle ou artificielle, peut donner lieu à deux visions,

1. *Le paradoxe et le système*, PUG, 1979.

l'une qui utilise le « *ou bien* » (ceci) « *ou bien* » (cela), et l'autre le « *et* » (ceci) « *et* » (cela).

Le paradoxe était, il n'y a guère, un exercice de logique, considéré comme la propriété d'une langue de dire ce qu'elle dit en même temps qu'elle le nie.

Le « Je suis un menteur » du Crétois trouvait sa place, limitée à l'intérieur de guillemets qui condamnent la proposition à une demi-solitude entourée comme elle l'est d'emboîtements possibles. Il suffit, en effet, de positionner cette proposition dans un discours qui lui assigne la place de paradoxe, tandis que l'ensemble des propositions « normales » continue de fonctionner sans bouclage intempestif. Tout différents sont les paradoxes modernes qui ont envahi progressivement les domaines scientifiques jusqu'à intervertir l'ordre des facteurs : c'est le paradoxal qui est englobant, et ce sont les propositions assertives ou descriptives qui deviennent exceptions dans l'environnement paradoxal.

Il s'agit d'une liaison déliée, d'un aller ensemble qui ne va pas ensemble, d'une confusion du sujet et de l'objet sous le même trait de réalité de second ordre.

C'est ici, non le principe de linéarité et de causalité qui est mis à mal, mais celui de non-contradiction qui subit des modifications d'importance. Qu'un objet puisse être ceci et cela, que je sois ceci *Et* cela, dedans *Et* dehors, et me voilà affronté à un étrange mécanisme !

A cette confusion des points de vue s'ajoute celle qui provient de la réversibilité de la partie et du tout. La partie enveloppe la totalité qu'elle « exprime », alors que la totalité enveloppe la partie dont elle est l'exprimé. L'ère des paradoxes s'ouvre alors comme celle d'une restructuration spatio-temporelle. Et la relativité généralisée est loin de jouer sa partie uniquement dans les sphères célestes. Elle est présente dans cette sphère particulière qui est celle de l'intelligentsia.

L'autoreprésentation et l'autoréférence, ces deux

formules systématisées du paradoxe, sont ses chevaux de bataille. Nous ne serions pensants que parce que nous aurions en nous ce mouvement perpétuel de référence à nous-mêmes qui nous enferme dans sa boucle. Donnons à l'ordinateur sa propre autoférence, cette possibilité de se mettre en abîmes, et il n'y aura plus de différence entre la machine et l'humain[1].

Où l'on voit que, partie du jeu, le paradoxe devient une technologie qui régnera en maîtresse absolue, d'autant plus absolue qu'un paradoxe ne peut être contredit.

C) *La simulation.* — La simulation, tout comme le paradoxe, est symptôme de crise qu'elle prétend surmonter. Et, comme lui, tente d'englober tous les concepts et de résorber tout conflit dans son procès. Tout aussi totalitaire, elle vise à donner la clef totalisante d'une énigme, en brouillant les pistes. Mais, mieux encore que le paradoxe, elle couvre et recouvre deux autres éléments du tautisme, l'autisme et la tautologie.

La source platonicienne nous livre deux présupposés qui imprègnent notre façon de voir :

— la copie-simulation est très inférieure à l'original, et l'on doit s'en méfier ;
— le paradigme, copie contrôlée par la science, est utile à la connaissance, et on doit s'en servir.

Une sorte de contamination réciproque joue entre les deux versions, et nous sommes à la fois méfiants envers l'image et confiants à l'extrême envers le modèle scientifique... deux préjugés qui nous affectent simultanément.

Le problème reste entier : bonne ou mauvaise simulation ? Mais voici que survient le « simulateur », objet « réel » et tout aussi naturel que la réalité dont il est

1. Voir Hofstadter, *Escher, Goëdel et Bach*, Interéditions, 1986.

le décalque. Epicure nous offre là un typos, une marque ou modèle miniaturisé des corps dont il émane. Car, chez Epicure, les simulacres sont bien des images, mais non point telles qu'elles seraient des imitations, des semblants par rapport à un original ou à l'idée. Les images existent, ce sont des objets physiques, plus légers et plus ténus que les corps solides dont ils émanent en permanence. En tant qu'elles émanent, en effet, des corps, se propageant alors sous forme de petits ensembles réduits, les images peuvent être dites *typoi* : modèles, ou empreintes (*typos* est l'empreinte en relief servant à la monnaie). Le modèle est aussi bien théorique, car il y a un *typos* de la théorie même d'Epicure : sa formule ou son résumé — comme il y a des *typoi* des corps sous forme de simulacres —, ces petites images qui viennent frapper les sens[1].

Avec le simulacre épicurien, nous touchons à la seconde version de la notion : si la première était attachée à se définir par rapport au vrai et se trouvait ainsi taxée d'infériorité, voire de malignité, la seconde touche à l'usage possible d'un signe qui a la même texture que ce dont il provient, qui possède la même garantie d'authenticité, qui est « réel » tout autant que sa source.

On voit ici se dessiner, comme à l'envers du platonisme, un envers du tout vrai (ou du tout faux, c'est la même chose), à l'abri de toute instance morale de distinction, qui facilite grandement la tâche des technologues, pour qui la distinction homme-machine n'a pas lieu d'être... En ce sens, les ordinateurs pensants seraient bien des simulacres (et non des simulations).

Pour cette acceptation qui pourrait se réclamer d'Epicure, les ordinateurs ne simulent pas, ils sont, en

1. Epicure, *Lettre à Hérodote* ; voir le commentaire de la lettre dans J. et M. Bollack, H. Wisman, *La lettre d'Epicure*, Ed. de Minuit, 1971.

tant que simulacres. En tant que tels, ils peuvent préfigurer un monde sans envers ni endroit, sans ontologie, un monde indifférencié, illimité. Ce monde sans envers ni endroit est celui du paradoxe.

D) *Interaction.* — Dernier terme de la quadrilogie, l'interaction est utilisée comme argument — de vente — sur le marché théorique comme sur celui, plus terre à terre, de l'économie[1]. Le champ qu'il désigne va de la sémiologie linguistique à la sociologie et rafle au passage les morceaux déjà mis en place par les notions de paradoxe, de réseau et de simulation. En cela, ce terme est l'illustration de l'hypothèse, que nous avons développée, de l'émergence d'une « ère de la confusion » en rapport direct avec la société Frankenstein, et nous intéresse au plus haut point.

A qui s'interrogerait sur la perte de la créativité que l'individu subirait du fait de la machinisation de sa mémoire et des procédés heuristiques qui lui sont propres, l'interaction est appelée à l'aide. Il en va de cette interactivité comme d'un dialogue avec un être intelligent, de surcroît non oublieux, et qui ne vous fait aucune morale : vous ne l'irriterez pas, vous n'en subirez aucun dommage. L'interactivité ainsi prônée et montée en épingle devient un passe-partout qui supprime frayeur et méfiance, et, par la promesse d'un dialogue enrichissant, fait passer la pilule. S'il en est ainsi, pourquoi, en effet, se priver d'un rapport de créativité rentable ?

On approche alors d'une analyse en termes de sémiotique sociale et on accepte d'intégrer les théories du sujet dans le rapport de l'homme à la machine, non pas

1. Voir Marie Marchand, *L'interactivité mode d'emploi*, Colloque international du CNCA, 7 et 8 janvier 1986, publié par la Mission Câble aux éditions du Centre Georges-Pompidou, 1986, p. 63 ; Marie Marchand *et al.*, *Les paradis informationnels*, Masson, 1986.

dans un rapport de chiens de faïence, l'un en face de l'autre, mais en mutuelle et réciproque interpénétration : ce faisant, on s'aligne alors sur une théorie de la communication en termes de *Lebenswelt*, d'horizons de vie partagée.

Autrement dit, on récupère un être du « vrai » à l'intérieur d'un système qui l'exclut, pour assurer sa crédibilité[1]. Attitude fort paradoxale et qui, comme il en était pour les autres notions, permet de réaliser la *confusion*, en jouant alternativement d'un aspect ou de l'autre du dispositif.

Dans ce tour de passe-passe entre le vécu et le vrai, l'embrayeur principal, l'intermédiaire obligé, le représentant du vrai auprès du vécu et du vécu auprès du vrai, le nouveau Christ, en somme, est l'interaction. Import-export, acheteur ou vendeur, et principal distributeur des technologies de l'esprit. C'est elle qui, sans produire en amont, fait les prix en aval, sur le marché.

Et la boucle est bouclée. L'interactivité généralisée, c'est aussi la simulation, le paradoxe et le réseau.

2. **La ou les sciences cognitives.**

Les sciences cognitives : S'il s'agit de sciences cognitives au pluriel, c'est-à-dire de recherches expérimentales portant sur le cerveau dans ses rapports à la cognition, telles que les pratiquent aujourd'hui Jacques Mehler, Jean-Pierre Changeux, Guy Tiberghien ou des expérimentalistes américains, nous ne présentons aucune objection.

Mais derrière ces véritables sciences plurielles, modestes et précises, un objet se profile qui entend

1. Sur l'interactivité et la disparition du sujet, voir l'intéressante notule de Marc Guillaume, « Etre (interactif) ou ne pas être », *Bulletin de l'Idate*, juillet 1985, n° 20, p. 331-332.

ramener le pluriel au singulier, les multifacettes de la connaissance à une essence commune et cède à la fascination sidérée du Tout-Un : cet objet se nomme la science cognitive. Elle est là, la science tautistique du tautisme.

La science cognitive : Le délire simonien était purement représentationnel, celui de Varela uniquement expressionniste. Leurs retombées pratiques n'affectaient qu'une partie des activités humaines : la machine pensante et parlante, ou la thérapie transformatrice des énergies.

La science cognitive, quant à elle, entend sommer l'ensemble des technologies de l'esprit, capter tous les procédés de la connaissance, en vue d'*une connaissance de la connaissance se connaissant*, tracer une boucle définitive autour d'un objet, centre de cette circularité : la pensée de l'ordinateur. Et « ça » marche, « ça prend » auprès de chercheurs avertis des deux rives de l'Atlantique ou du Pacifique.

Science *autistique*, elle est sourde aux événements du monde extérieur. *Tautologique*, elle reproduit à l'infini sa propre structure. *Totalisante*, elle enferme dans sa circularité, dans son « harmonie ». *Totalitaire*, elle décide qu'il n'y a pas d'autre mode de connaissance que celui qui consiste à rapporter à l'ordinateur tout objet pensant. Sous tous ses aspects, elle est bien le culmen du mouvement tautistique. Quelle est donc cette néo-science ? D'où vient-elle et comment se présente-t-elle ?

A) *Notion*. — Trois traits caractérisent cette science du connaissable et de la connaissance, et l'établissent comme science tautistique du tautisme.

a) D'abord l'autisme. — A l'opposé de la psychologie cognitiviste, la science cognitiviste n'est pas orientée vers le perfectionnement des machines qui pensent. Les cognitivistes ne sont ni ingénieurs ni tentés par les résultats « triviaux » des systèmes experts. L'outil ordinateur est un outil d'abord réflexif. Il nous sert à poser des questions pour nous-mêmes. C'est un outil d'investigation interne. Tout le cognitivisme est centré sur l'intérieur du réseau. Il se soucie peu des prolongements externes. Le cognitivisme est sourd-muet, branché sur lui-même.

Il ne s'agit plus de performer des techniques, de savoir si on va y arriver ou non. Le débat s'est intériorisé. Il devient abstrait. Les ordinateurs et les computations dont nous allons entendre parler n'existent pas. Il s'agit de leur essence, de leur idéalité. Nous sommes dans la construction d'un espace fictif, dont les éléments sont empruntés à l'existant, mais qui sont recomposés en machineries textuelles, aux fins d'investigation[1].

b) Ensuite la tautologie. — C'est au début de la chaîne, l'hypothèse d'une pensée toute représentationnelle, capable d'être explicitée selon un système IPS. Ici et pour un domaine restreint, cognition = computation (hypothèse, elle, vérifiée par tous les travaux des informaticiens et de la psychologie cognitive). C'est à la fin de la démonstration — après l'élargissement de l'hypothèse aux autres « facultés » ou de fonctions du cerveau (émotions, croyances, situations de parole, intersubjectivité) —, le retour à l'hypothèse première. *Toute* cognition est « computationnelle », nous dit-on, par un jeu d'affirmations répétées.

c) Enfin le totalitarisme.

— L'élargissement théorique des choses pensantes est une *condition* pour penser l'ordinateur comme « pensant ». Posé ainsi, le problème comporte déjà sa réponse, en pointillé. S'il existe des choses pensantes, et si l'ordinateur est une chose, il est possible qu'il pense...

1. Voir « Le TEX ou thought experiment », brillamment dégagé par E. Duickaerts dans *Quaderni*, n° 1.

— Le second nœud logique, difficilement contournable, vient de ce que l'élargissement, qui pourrait comprendre l'ordinateur comme chose pensante, dépasse encore cette proposition. Cette fois-ci, la *computation* est la classe générique dans laquelle rentreraient les cerveaux humains. Le procès de la pensée serait « computationnel ». Le dernier terme d'une série devient le contenant de la série tout entière et, en tant que contenant, sa référence ultime et son idéalité.

— Ce trait est caractéristique du mouvement amorcé par la science cognitive. Il en va de la science cognitive comme de cette opération proprement renversante qui est constitutive de la religion selon Feuerbach. Opération qui consiste à abstraire de l'étude de l'homme des attributs que l'on projette ensuite au-dehors, dans un espace décrété objectif (premier mouvement) ; et qui servent alors (deuxième mouvement) de mesure et de validation, comme d'idéalité, et de finalité à ces mêmes attributs.

B) *Illustrations*. — Nous pouvons suivre cette démarche en compagnie de deux cognitivistes, parmi bien d'autres, qui sont assez significatifs : Pylischyn et Fodor.

L'architecture de Pylischyn : Dans son ouvrage[1], cet auteur commence par affirmer la scientificité d'une méthode qui prend pour modèle la physique. Comme elle, la science cognitive sera descriptive, refusant de voir dans la cognition l'action d'une puissance mystérieuse comme l'âme ou la conscience. Ces entités devront être évacuées, car elles empêchent de prendre le problème sérieusement. Si connaître ce qu'on connaît est une « opération » qui met en jeu des facteurs biologiques et des capacités, connaître le procédé par lequel on connaît exige la même rigueur que de connaître les lois de la nature.

L'ordinateur, tout comme le cerveau, fonctionne au parallélisme, aux rapports multiples, à l'enveloppement. Il emprunte son architecture fonctionnelle à la neuro-physiologie à

1. *Computation and cognition*, Bradford Book, Cambridge (Mass.), 1984.

laquelle se rattache la notion d'*états mentaux*. Tout comme le *mind*, l'ordinateur a des états *représentationnels*.

Posé dans ces termes, il est loisible de penser l'ordinateur comme un « esprit », puisqu'on transporte ce qu'on sait, actuellement, des procès mentaux de reconnaissance des objets et du mode de fonctionnement de la mémoire sur une machine « inventée », une sorte de paradigme, construit *in abstracto*.

La pensée de Fodor[1] : La visée de la théorie, n'est pas, encore une fois, de prophétiser l'avenir de l'ordinateur, mais d'analyser le procès mental que le procès « computationnel » peut aider à penser sous certaines formes. Tout est fondé sur l'interne. On inclut la réalité extérieure. Autisme.

Ainsi la science cognitive est-elle définie comme la théorie des états mentaux intentionnels. Le comportement aurait des causes mentales : ce que la psychologie positiviste refuse avec vigueur et ce que le sens commun admet comme métaphore. Mais ici, la science cognitive prend « cause mentale » au pied de la lettre. Il y a une causation directe entre l'état mental et le comportement, et c'est cette causation qu'il s'agit d'étudier.

Totalisation, voire totalitarisme : toute causation, en tout domaine, est d'ordre « computationnel ».

L'esprit est une machine syntactique :

La liaison se fait, avec Pylischyn et Fodor, entre philosophie analytique, philosophie de l'esprit et *computation*. Point de salut hors de cette triple participation, de ce triple niveau. Ce qui demeure significatif, en ce qui concerne les deux métaphores de la machine à représenter et de la machine à exprimer (organisme), c'est la collusion des deux types de rationalité, linéaire (causale) et circulaire (autopoïetique). Cette collusion produit une forme empruntée aux plus récentes avancées techniques dans le domaine de la communication. Que l'état des choses en soit, alors, quelque peu troublé et qu'il y règne une assez grande confusion théorique n'est pas un hasard.

Comme toute invention technique, l'ordinateur transforme l'appréhension traditionnelle des relations de dépendance et d'autonomie, des notions de hasard et de loi. Pris comme référent objectif d'une structure interne de l'esprit, l'ordinateur interfère puissamment sur la définition des propriétés de l'état mental et de la représentation.

Etrange compromis entre le mécanisme simple et positiviste de H. Simon et la riche complexité qui frise le solipsisme d'un Varela, le

1. Voir *Représentations*, Bradford Books, MIT Press, 1981, et *Les modularités de l'esprit*, Ed. de Minuit, 1987.

cognitivisme se tient au carrefour. Ni l'un ni l'autre et les deux à la fois, défiant par là les critiques venues des bords opposés. En voulant couvrir toutes les disciplines qui s'occupent du mental — de la biologie à la linguistique, de la philosophie à la logique —, la science cognitive installe une vaste confusion, à la fois dans les définitions qu'elle retaille à sa mesure et dans les orientations qu'elle bouscule. Peut-être est-ce le prix à payer pour la recherche ?

Le cognitivisme, ou science tautistique du tautisme :

Marquée par les deux mouvements contradictoires de la mise en représentation, objectivation au-dehors des processus de la pensée et circularité interne, enveloppement du monde dans les états du cerveau se construisant, la science cognitive ne se décide pas et joue itérativement des deux pôles du représenter et de l'exprimer. Causalité et complexité s'y répondent de manière confuse. Chacun des deux mouvements se trouve bloqué par son antonyme, et la seule issue est de se réfugier dans la fiction.

Entendons-nous : non pas une fiction qui suggère par la construction d'imaginaire un monde nouveau et qui se meut librement dans la richesse des signes interprétables, laissant l'analogie jouer sa partie, mais dans ce type de fiction expérimentale qui tend à convaincre par des preuves, s'arme de références et développe sur de feintes expériences une batterie de notions présentées comme scientifiques. Rien de plus troublant que le mixte de déductions rigoureuses à partir d'un terrain fictif : d'aucuns se servent de ce procédé pour nous suggérer l'absurde. C'est le ressort des utopies négatives, la logique impeccable de l'absurde : un type de science-fiction qui se présente elle-même comme fiction. Mais, avec la science cognitive, nous ne sommes pas en littérature. Elle ne se veut pas fantaisie, mais science. Elle ne nous convoque pas au rêve, mais nous présente ce qu'elle estime être « vrai ».

C'est là un tour de passe-passe où le discours logique, ignorant qu'il est de ses prémisses fictionnelles, de son départ textuel, se prend au sérieux et oublie que l'hypothèse première est en tout point un montage et prétend en vérifier l'existence... en décrivant ses états possibles. La description y fait office de preuve. Elle objective, par sa minutie, ce qui n'était qu'hypothèse. Moyen de persuasion assez pervers qui tend à faire exister *par* et *dans* une description ce dont il reste pourtant à démontrer l'existence. C'est là le procès même de la tautologie. Qu'il y ait des « états représentationnels », je peux l'assurer puisque je produis des discours à leur sujet !

Et certes, à ce compte, la science cognitive existe ! Comme aussi bien la magie, l'animisme, la religion, la croyance. Toutes ces productions de l'esprit valent ce qu'en vaut leur usage. Plus exactement, elles existent en fonction de leur utilisation.

Or, et c'est bien là que la science cognitive s'enferme, ce sont justement ces usages qu'elle méconnaît, puisqu'elle déclare ne pas s'intéresser aux perfectionnements d'outils, non plus qu'à toute autre réalité en dehors d'elle-même. Le réalisme des états représentationnels devient ainsi un pur autisme, une affirmation sans garantie.

Cependant, si cet autisme est la marque de la science cognitive qui s'enferme ainsi dans la redondance, cette attitude vis-à-vis d'une réalité sociale rejoint trop le mouvement qui affecte les autres sciences, et les analyses de mass medias tout spécialement, pour ne pas se conjuguer en une vaste totalisation des effets globaux.

Le résultat de toutes ces tautologies superposées conduit à une vision de la réalité comme à la fois hyperréelle (réalité au énième degré entièrement fabriquée par des mécanismes de renvois) et hyporéelle (n'appelant à aucune communauté d'usages, mais à un éclatement du sens).

Au-delà du mouvement d'esprit qu'il entraîne, le cognitivisme devient symptôme d'un profond bouleversement dans l'appréhension de la réalité, de l'identité humaine, et de comportements sociaux que la présence de l'ordinateur induit.

VI. — La République ordinatique

On présentera ici successivement la cure ordinatique (1) et la communication comme critère des régimes politiques (2).

1. La cure ordinatique.

Le transfert Frankenstein.

J'emprunte la formule du transfert à l'ironique ouvrage de Sherry Turkle, *The Second Self*[1]. L'auteur, sociologue au MIT, a fait une enquête auprès d'enfants et d'adultes pour déterminer les effets pratiques de l'ordinateur sur le comportement humain, pour déterminer aussi quelle image nous nous faisons de la machine et comment cette image nous transforme.

Turkle distingue trois étapes dans les rapports des enfants avec l'ordinateur : l'âge métaphysique, où les très jeunes enfants croient que l'ordinateur pense, sent et vit ; l'âge de la maîtrise (à partir de sept ans), où il s'agit de défier l'ordinateur et de le vaincre ; l'âge de l'identité (à partir de quinze ans), où la pratique ordinatique

1. New York, Simon & Shuster, 1984 ; trad. fr., *Les enfants de l'ordinateur* , Denoël, 1986.

entraîne à une réflexion sur soi, où la construction de l'identité passe par la pratique ordinatique. Ces trois âges, on les retrouve souvent indissociables dans la culture de l'intelligence artificielle. La connexion entre les spécialistes d'intelligence artificielle et de « l'ordinateur métaphysique » est évidente, puisque ces spécialistes étudient l'esprit humain pour bâtir des programmes et usent des programmes pour penser l'esprit. « Tout dépend du fait que les gens tendent à percevoir une machine qui pense *(that thinks)* comme une machine qui pense *(who thinks)*. »[1]

Comprendre les *hackers* (ou fanatiques de l'ordinateur), c'est comprendre la mentalité du jeune ingénieur qui tend à séparer la science de la sensualité[2]. Image construite par le *hacker* lui-même, qui pratique l'autodénigrement et l'autocélébration. Alors que le MIT est irréel, l'ordinateur rend le *hacker* réel. L'ordinateur devient *way of life*. On y passe six heures par jour, sept jours par semaine. Et, pour être sûr de rester en milieu fermé, on crée l'ITS *(incompatible time sharing)*, incompatible avec les systèmes extérieurs au MIT. La vie est monastique : on dort et on mange près de l'ordinateur. On y cherche la *perfect mastery*, qui correspond au souhait de créer un monde parfait, différent des parents. Monde du défi sans frontières, où l'on pousse son corps jusqu'aux limites (*sport death*, dit la *hacker*). Le contact avec l'ordinateur est quasi sensuel : on entre en télépathie avec lui. La machine devient simple extension du corps et de l'esprit propres. Dans ce monde sans rides, on est seul et en sécurité, on est différent, mais sur son propre territoire. La sécurité affective est absolue, plus d'histoires sentimentales ou sexuelles, désirables peut-être, mais risquées. Avec l'ordinateur, on marche à petits pas, la confiance est progressive, et le contrôle devient complet.

Plus de réel, plus de simulation : l'un se reverse dans l'autre indéfiniment, et nous basculons ici hors de l'histoire. Nous voilà tout près des thèmes chers à Jean Baudrillard. Pour cette culture-là, l'homme pensant pèse à peu près le même poids que l'âme, nichée, disait Descartes, dans la glande pinéale.

Contre l'image de l'ordinateur fonctionnant par éléments simples, oui ou non, et pas à pas, Minsky propose l'image — et la technique — de l'ordinateur comme *société*, avec des acteurs et une histoire, avec des éléments qui votent, dans un sens ou dans l'autre, et un arbitrage final en cas de doute, par une instance

1. *Op. cit.*, p. 25.

2. L'ingénieur ou *L'homme le plus laid du campus*, fête annuelle au MIT (*op. cit.*, p. 196).

supérieure [1]. Modèle qu'on peut assimiler à celui de l'intelligence démocratique, où l'intelligence serait le fruit d'interactions de groupes en conflits sur le mode des démocraties occidentales.

2. **La communication, critère des régimes politiques.** — La communication représentative avait fondé à la longue notre vieux système républicain, occidental ; de même, la communication expressive l'avait-elle aidée dans cette tâche. Mais le tautisme est arrivé.

A) *La communication représentative : religion républicaine et laïque.* — Les machines politiques de cette religion républicaine présentent exactement les mêmes caractéristiques que les machines communicatives. Elles sont les machines de la technique sociale. Tandis que les machines techniques sont des cas particuliers de la religion laïque, machinique de la République.

C'est qu'elles ont en commun un concept fondateur : le principe même de la séparation laïque, dont l'instrument est la représentation. La représentation suppose une coupure entre le représentant (relatif, toujours variable) et le représenté (absolu, intangible, innommé). Par suite, on peut comprendre que la représentation politique et machinique constitue un bloc : les unités discrètes, analytiques, mais rassemblées en une chaîne représentative dans la théorie de l'information, renvoient aux citoyens, atomes insécables rassemblés dans la chaîne représentative, souveraineté générale. Le sujet humain, hors la machine technique, mais dont les attributs sont maintenus, renvoie au sujet absolu, ou *Res Publica*, qui est exclu des machines sociales autonomes, mais qui les permet. Les contrepoids analytiques, en pièces détachées, de la société politique, renvoient aux pièces détachées de la société civile

1. Minsky, *K-Lines : a theory of memory*, MIT AI memo, n° 516, juin 1979.

et les pièces détachées de la société civile renvoient aux pièces détachées de la machine technique. La lisibilité des machines communicative, sociale et technique, leur type de visibilité ne sont qu'une conséquence de leur commune représentativité. De même que leur commune distinction entre l'explicite et l'implicite.

Or la boule de billard est républicaine. Pour le comprendre, il nous faut passer par l'*Encyclopédie*. Les encyclopédistes — Diderot à leur tête — nous dirent en même temps un amour immodéré pour la communication, pour la machine, pour une société civile débarrassée de ses entraves[1]. Ils posèrent les premières bases de la religion machinique, universelles de la société civile.

B) *La communication expressive : religion républicaine et laïque.* — Cette communication expressive est celle d'un Spinoza, ou d'un Leibniz. Elle n'a jamais été appliquée intégralement. Encore moins les prescriptions du *Traité de l'autorité politique*. Spinoza, constitutionnaliste, est ignoré : il dépense des trésors d'ingéniosité pour faire en sorte que le pouvoir — pourtant nécessaire — n'incarne pas l'absolu. Va pour un roi, s'il est étroitement contrôlé. Va pour un certain type d'aristocratie qui privilégierait des petites villes en état de discussion permanente (sorte de confédération autogestionnaire) au détriment de la capitale[2]. De nombreuses limitations et de nombreux contrepoids sont ici proposés.

Elément essentiel dans sa pensée métaphysique et politique, il n'y a pas de cause et d'effet, sur le mode linéaire, représentatif de la boule de billard et de nos

1. Voir Lucien Sfez, *Leçons sur l'égalité*, Presses de la Fondation nationale des Sciences politiques, 1984, 2e partie, chap. II.

2. Sur tous ces points, voir le *Traité de l'autorité politique*, en liaison avec le *Traité théologico-politique* et *L'Ethique*.

systèmes républicains. Car songeons ici que cause et effet sont la matrice de la séparation représentée (cause)-représentant (effet), ou de l'inverse, qui prédomine dans nos sociétés occidentales actuelles : représentant (cause), représenté (effet), autre manière de dire, comme Duguit, gouvernants et gouvernés. Rien de tel ici : la cause est l'effet, l'effet est la cause, il est totalement dans la cause. Un seul mouvement qui se déploie. Voilà qui fonde un savoir et une pratique autogestionnaire, confédérative, en état de discussion permanente, que Spinoza entrevoit dans le *Traité de l'autorité politique*. Données toujours très actuelles.

Car la communication expressive, jamais appliquée dans son ensemble, joue un rôle permanent dans l'histoire des institutions. Elle constitue le remède symbolique aux excès de la représentation froide, abstraite.

On ne refera pas ici la démonstration déjà connue de *L'enfer et le paradis*.

Dans le droit fil d'une « critique de la théologie politique », je remarquerai seulement que les opérations symboliques à l'ancienne mode ne « prennent » plus, ne cristallisent plus dans nos sociétés de politique éclatée, et que le consensus s'organise aujourd'hui à partir d'un fac-similé d'une opération symbolique fictive, *sans corps et sans origine* : la communication et sa forme particulière, tautistique. Cette forme symbolique entend remplacer toutes les anciennes figures qui rassemblaient et conféraient l'identité, telles que nation, souveraineté et la figure très centrale d'égalité. La communication n'est-elle pas liaison entre deux sujets égaux ? Sans doute, sauf que, en autisme, l'égalité manque à l'appel et que la machine tautistique ne communique interminablement qu'avec elle-même en un solipsisme circulaire parfait.

C) *Le tautisme : théologie totalitaire.* — Totalitaire, le tautisme. Parce qu'il prétend porter au monde tout uniment le savoir, l'égalité (?), le bonheur, le travail-loisir pour tous, par la machine servante-maîtresse : tels sont les maîtres mots du discours inaugural du responsable suprême du projet japonais de la cinquième génération d'ordinateurs[1].

Totalitaire aussi, parce qu'il met en cause toutes les séparations et contrepoids de nos régimes républicains. Pourquoi les conserver si la vérité est médiatique ? Un sondage ne vaut-il pas mieux qu'une décision du Conseil constitutionnel ? Volonté inouïe de puissance cachée dans une publicité mercantile et qui, dans son excès, serait de peu de danger, n'était la fascination pour la technologie et pour une science transparente.

Car la communication avait déjà pour elle son nom. Qui ne veut pas communiquer ? Et la non-communication n'est-elle pas une maladie ? Elle dispose, en outre, de l'aura de la science (cognitive, ou n'importe quelle autre). Et d'ailleurs, la communication est scientifique, tout comme la science est communicative. Elle dispose encore du soutien des institutions publiques en mal de pouvoir, dans une société où la vieille représentation politique devient fragile et contestée, et de l'appui des milieux d'affaire en mal de marché. Elle dispose enfin de l'appareil de médicalisation de la société nommée psychothérapie et relations humaines. Mais il faut lier tous les éléments entre eux et, à cette fin, engager une recherche éperdue de symbolisation.

Il faut alors trouver une symbolisation forte, celle du dieu de la Bible, à l'américaine, ou du dieu séculier de la science. Il ne manquait que Dieu pour clore et lier l'ensemble : voilà qui est fait avec le dieu américain,

1. Pour plus de détails et la critique, voir le livre de Florès et Winograd, *L'intelligence artificielle en question*, PUF, 1989.

protestant et mercantile, ou du dieu laïque portant la vérité sociale, universelle et définitive de la cinquième génération d'ordinateurs.

Conclusion du chapitre III : confusion, troisième définition de la communication

Portés disparus ici, le message, le sujet émetteur, le sujet récepteur. Supprimées, la réalité du sujet, la réalité du monde, partant la réalité interactive des individus. Eliminée, toute référence à la représentation cartésienne qui pose à distance le sujet et l'objet. Eliminée aussi, toute référence à l'expression spinoziste, à la délicate insertion d'un sujet complexe dans un environnement complexe.

Ici, la communication n'est plus que la répétition imperturbable du même (tautologie) dans le silence d'un sujet mort, ou sourd-muet, enfermé dans sa forteresse intérieure (autisme), capté par un grand Tout qui l'englobe et dissout jusqu'au moindre de ses atomes paradoxaux. Cette totalité sans hiérarchie, cet autisme tautologique, je les nomme *tautisme*, néologisme qui condense totalité, autisme et tautologie. La communication se fait ici de soi à soi-même, mais d'un soi dilué dans un tout. Cette communication-là est donc celle d'un non-soi à un non-soi-même.

Cet écrasement, cette confusion généralisée, nous les devons à un non-sens initial : lorsqu'on prend le représenter pour l'exprimer ou l'exprimer pour le représenter. Lorsqu'on croit que ce qui nous est donné à voir par la représentation est l'expression même de la réalité du monde sensible, ou encore lorsqu'on interprète la réalité sensible, immédiate, comme une mise en scène, un trompe-l'œil. Ils sont là, les pièges de la société Frankenstein : il est niché là, son germe tautistique, c'est-à-dire totalitaire.

CONCLUSION GÉNÉRALE

CONTRE LA COMMUNICATION CONFONDANTE : L'INTERPRÉTATION

Il ne s'agit pas ici de s'opposer à la communication. Et en effet pourquoi ne pas communiquer ? Mais, comme on l'a vu tout au long de ce petit livre, communiquer ne veut rien dire en soi. Il y a plusieurs communications possibles et au moins trois : la *représentative*, l'*expressive*, la *confondante* qui tend aujourd'hui à embrasser l'univers et se prétend seule communication possible. C'est cette communication confondante qui paraît dangereuse, c'est à elle qu'on oppose une politique du bon sens et de l'interprétation.

Dans quel univers sommes-nous donc ? Un univers de science-fiction où les machines parlent et où les hommes communiquent par prothèses artificiellement branchées sur des circuits anonymes ? Où la dévotion entre la technique prend allure de religion, sacralise des idoles, *idola*, images ? Religion qui s'assortit de toutes les orthodoxies, paradoxies, hétérodoxies, sectes et chapelles, voire du phénomène d' « ex-communication » ?

Le bon sens

On pourrait s'étonner, se demander : « Mais qu'en est-il dans notre vie ordinaire ? Est-ce vrai de nos relations quotidiennes ? De nos discours, de nos activités ? » Ou encore : « Est-ce cela qui nous attend et devons-nous nous y préparer ? Refuser ? » Interrogations que, à tout prendre, le « bon sens » laisse de côté. Passant outre.

Lequel bon sens, aussi bien, laisse entendre une note discordante dans le concert enregistré des théologiens de la communication. Il en a vu d'autres. Les objets techniques sont intégrés dans la mesure de leur utilité pour faciliter la vie. Mais sont objets de dérision dès qu'ils se présentent comme gadgets, signes de mode ou effets pervers. En ce sens, *Mon oncle*, de Tati, illustre assez bien le « bon sens », y compris dans son aspect archaïque, passéiste. L'ironie est bien un mode d'expression du bon sens.

Ironie, ou encore dérision collective, quand des pratiques d'une société bouleversent les schémas machiniques. Que dire des Italiens du Sud, dans les couches populaires, qui possèdent souvent deux postes de télévision et deux postes de radio par famille et qui en poussent l'intensité simultanément, jusqu'à l'inaudible ? Cette pratique renvoie aux pratiques napolitaines, où chacun hurle en compagnie, où personne n'entend rien en comprenant tout de même[1]. Les machines n'émettent plus alors un message électronique imperturbable. Elles sont devenues napolitaines.

Il est en effet, curieux (et malicieux) de constater que, si quelque chose fait obstacle à l'entreprise du langage artificiel, c'est bien la conversation ordinaire, avec ses aller et retour, ses liaisons omises, ses coq-à-l'âne, hiatus et lapsus, et la charge d'implicite qu'elle transporte. Là échouent toutes tentatives de mise en ordre et en diagrammes. Il y a un reste, et ce

1. Voir mon enquête napolitaine dans *Je reviendrai des terres nouvelles*, Hachette Littérature, 1980.

reste, c'est l'ordinaire de la parole : l'insignifiant, le parler pour ne rien dire, le banal et ses modalités singulières. Le superficiel, ici, fait office de profond : ce qui reste inatteignable, c'est bien cette errance du sens et son vague, qui flotte et hésite, et qui exige l'interprétation. Renversement de valeur qui fait de l'objet commun (opinion et discours communs) la visée des programmes les plus élaborés, alors qu'il était, il n'y a guère, jugé méprisable et sans intérêt.

La communauté des interprètes

Le sens commun, ou la mise en commun, intervient deux fois dans la compréhension de la parole échangée. Une première fois avec la communauté de langage. Nous parlons la même langue (lexique, grammaire et signification). Une seconde fois quand l'interprétant œvre pour la mise en commun du sens : « Que voulez-vous dire ? Est-ce bien ce que vous voulez dire ? Ce n'est pas ce qu'il a voulu dire ? » Dans ces cas, les sens pourront être nombreux, et l'exégèse, interminable. Présupposés et sous-entendus sont au travail dans le sens commun, et le « Dire » se situe en arrière du « Dit », comme une réserve polyphonique aux multiples usages. C'est bien cette profondeur qui hante la parole et que le programme ne subit pas. Profondeur qui n'a rien de métaphysique, mais qui est donnée du discours, sans lequel il ne pourrait être tenu.

Dans le silence du dire sur lequel se fonde le dit, nous pouvons donc trouver matière à résister au *tautisme* : à la *totalisation* par additions de savoirs explicites qui conduit vite au totalitarisme universalisant, à la *tautologie*, qui est piétinement du sens, car la parole échangée invente à mesure ses propres convenances, à l'*autisme* enfin, car aucun discours ne peut être tenu seul, ni même à deux seulement dans un échange biunivoque, l'un étant le miroir de l'autre : il y faut cette assemblée de joueurs qui entoure les partenaires de sa présence invisible et fait écran au narcissisme.

Cette communauté du sens commun, élaborée au long des âges, est la barrière contre quoi viennent buter les idéologies technologiques d'une transparence du sens à lui-même au moyen de signes.

Autrement dit, on ne peut aller du signe au symbole, de la représentation au symbolique, en accumulant des signes atomisés et en leur attribuant ensuite une « valeur » de symbole, façon Simon. L'idée des cognitivistes, comme celle des représentativistes, que le symbole devrait être atteint en dernier lieu, se heurte à cette constatation que la fonction symbolique précède les signes qu'elle lie.

Si l'interprétation est partie intégrante de la communication, et si, d'autre part, nous référons cette interprétation à la fonction symbolique dans la mesure où elle lit et lie les signes entre eux par la *médiation de symboles interprétants*, nous devrons bien reconnaître qu'elle se situe à l'opposé de la confusion tautistique.

BIBLIOGRAPHIE

Daniel Dayan, *La télévision cérémonielle,* PUF, 1996.
Jacques Ellul, *Le système technicien*, Calmann-Lévy, 1977.
Pierre Legendre, *Paroles poétiques échappées du texte*, Le Seuil, 1982.
— *L'inestimable objet de la transmission*, Fayard, 1985.
Pierre Musso, *Télécommunications et philosophie des réseaux,* PUF, 1997.
Lucien Sfez, *Critique de la communication*, Le Seuil, 1988, 3e éd., 1992.
Lucien Sfez (dirigé par), *Dictionnaire critique de la communication,* 2 vol., PUF, 1993.

BIBLIOGRAPHIE THÉMATIQUE « QUE SAIS-JE ? »

Internet, n° 3073.
La science de la communication, n° 2634.
La science de l'information, n° 2873.
La presse, n° 414.
Les autoroutes de l'information, n° 3097.
Sociologie des organisations, n° 2499.
Médias et éducation (à paraître).
La communication publique, n° 2940.
La mondialisation de la communication, n° 3181.
L'information, n° 1000.

TABLE DES MATIÈRES

Imprimé en France
Imprimerie des Presses Universitaires de France
73, avenue Ronsard, 41100 Vendôme
Décembre 1999 — N° 46 922